監修者――加藤友康／五味文彦／鈴木淳／高埜利彦

［カバー表写真］
駿河町三井組ハウスと三越呉服店
（歌川芳虎筆「東京駿河町三ツ井正写之図」）

［カバー裏写真］
横浜店
（五雲亭貞秀筆「神名川横浜新開港図」）

［扉写真］
三野村利左衛門（上）と益田孝

日本史リブレット人 086

三野村利左衛門と益田孝

三井財閥の礎を築いた人びと

Morita Takako
森田貴子

目次

三井高福（右）と三野村利左衛門（左）

「人の三井」

「人の三井」という言葉がある。この言葉がいつごろからいわれるようになったかは定かではない。「三井中興《ちゅうこう》事情《じじょう》」（高橋義雄、一九二五〈大正十四〉年）には、三井発展の理由の一つとして、明治維新《いしん》期に「主人と番頭《ばんとう》とが其人《その》を得て能《よ》く難局を切り抜け」、一八九一（明治二十四）年ごろからは「思慮ある主人と手腕ある重役」がいたためと述べている。益田孝が一九二六（大正十五）年六月七日に行った談話では、三井の隆盛は「偏《ひとえ》ニ三井家ノ御幸運《ごこううん》」といいながらも、「其時々ノ人ハ皆ナ技量ノアル人ガ居《お》ツタ」と語っている（「益田男爵談話速記録　四」）。

ここからは、三井発展の背景には、その時々において三井には技量ある「人」がいたという認識が共通していることがわかる。「人の三井」とは、三井には個

益田孝

性的で有能な人物が集まったことと、その個性と技量を発揮できる場があったことを意味し、この認識が一九二〇年代には存在していたといえる。

三野村利左衛門(一八二一〜七七)は、幕末に抜擢されて三井にはいり、三井組大元方総轄《おおもとかたそうかつ》となり、三井の組織を改革した人物である。益田孝(一八四八〜一九三八)は、一八七六(明治九)年に、三野村に呼ばれて三井物産会社の創立に携わり、三井物産会社を中心に活躍し、三井合名会社顧問《こもん》となり、三井財閥の基礎を築いた人物である。

三野村と益田が活躍した、幕末から明治期の日本は、国内においても対外的にも、政治・経済・社会、すべてにおいて激動の時代であった。こうした時代に、三野村と益田は、どのようにして三井を御用《ごよう》商人から財閥《ざいばつ》へと発展させていったのだろうか。

本書は、幕末の開港から一九一四(大正三)年に益田が三井合名会社相談役になるまでの時期を取り上げ、三野村と益田の活動をとおして、三井と日本の社会があゆんだ歴史について考えていくものである。とくに、本人や同時代を生きた人びとの談話を用いて、この時代を読んでいきたい。

駿河町越後屋呉服店の店先　奥村政信筆、享保(一七一六〜三六)ごろ。

①—幕末の三井

三井の創業

三野村利左衛門と益田孝について述べる前に、三井の創業と江戸《えど》時代の三井の特徴について概観したい。

「商売記」(高治《たかはる》〈高利《たかとし》の三男〉、一七二二〈享保《きょうほう》七〉年)によれば、三井家の家祖は越後守高安《えちごのかみたかやす》といい、近江国六角《おうみのくにろっかく》佐々木氏の家臣《かしん》で、武士の出身であった。一六一〇(慶長《けいちょう》十五)年に高安が没すると、長男の高俊《たかとし》が家を継ぎ、伊勢《いせ》の城下町《じょうかまち》松坂《まつざか》に移り、質・酒・味噌などを商った。「武士気」をもつ高俊は「台所辺」や商売にはかまわず、連歌《れんが》・俳諧《はいかい》・遊芸に親しむ人物であった。実際に商売を切盛りしたのは、「天性商心《てんせいあきないごころ》」に富んだ妻の殊法《しゅほう》であった。

殊法のもとで長男俊次《としつぐ》は、江戸へでて本町《ほんちょう》四丁目で小間物《こまもの》店を開き、続いて京都にも開店した。江戸店《だな》が繁盛したため、俊次は江戸の本町一丁目と本町二丁目に呉服店を開いた。俊次の弟たちは、順に江戸へでて俊次の店にはいった。高俊の四男の高利も、一六三五(寛永《かんえい》十二)年、一四歳のときに江戸へでて、兄俊次の店にはいり、三九(同十六)年、帰郷した兄重俊《しげとし》にかわり、本町四丁目店を支配し、商売を繁盛させていった。一六四九(慶安《けいあん》二)年、重俊が没したため、母の願いにより、高利は松坂へ戻った。帰郷後、高利は松坂の豪商《ごうしょう》中川家から「かね」を妻に迎えた。高利とかねのあいだには一〇男五女が生まれた。高利の子どもたちもまた、一五歳になると順に江戸へでて本町四丁目の俊次の店へはいり、商売を習得した。

一六七三(延宝《えんぽう》元)年に俊次が没すると、高利ははじめて独立し、江戸の本町一丁目に絹織物を商う呉服店を開店し、同時に京都にも店を開いた。一六七六(延宝四)年には、江戸の本町二丁目にも開店した。当時、絹織物はおもに西陣《にしじん》で織られていたため、高利は京都店で絹織物が下値とみれば大量に買いとり、江戸店に送り、相場にあわせて売った。さらに高利は、店頭で現金で売る「店《たな》先売《さき》り」を始めた。当時は「掛売《かけう》り」がおもな販売方法で、武士層を主たる得意先とし、さきに反物を渡し、支払いは六月と十二月の二節季《にせっき》払いか、十二月のみの極月《ごくげつ》払いであった。掛売りは、客の注文や好みに応じて仕入れができるため、安定した経営ができた。一方、店先売りは不特定多数の客を対象とするが、

江戸本店看板 ㊂の店章と「現銀無掛直」とある。

三井高利・かね夫妻

「駿河町越後屋正月風景図」 鳥居清長筆(1698〈元禄11〉年)。

駿河町越後屋呉服店の印鑑　「前方本町一町目ニ罷《まかり》有、只今ハ駿河町ニ罷有候」とある。

高利は京都で安価に仕入れ、価格を調整して売ることによって大きな利益をえることができた。

商売繁盛する三井に対して、一六八一(天和《てんな》元)年、三井に反感をもつ江戸の本町と本石町《ほんごくちょう》の呉服商たちは、いっせいに取引を停止するという「仲ケ間はつれ」をはじめ、さまざまな妨害を行うようになった。そのため三井は、一六八三(天和三)年に本店を両替商が集まる駿河町《するがちょう》に移転し、呉服店と両替店を開業し、綿店(のちに向店《むこうだな》)も開店した。これにより絹織物を扱う本店と、おもに綿・木綿《もめん》・関東物(絹・紬《つむぎ》類)を扱う大衆向きの綿店ができた。

この駿河町の本店で、高利は「現金掛値《かけね》なし」の商売を始めた。呉服物は、他の売り物とは違い、「色品《いろしな》」が多く、相場の値動きも激しく、掛値が多いため、素人が買うことはむずかしかった。高利は、値切りはしないかわりに、正札どおりの現金売りとし、どのような客にも埒《らち》のあく商いを始めた(「商売記」)。

一六九〇(元禄《げんろく》三)年、幕府《ばくふ》は両替町と駿河町の両替商たちに「大坂御金蔵《ごきんぞう》御金銀御為替御用《おかわせごよう》」を募集した。大坂御金蔵御金銀御為替御用とは、大坂の御金蔵に集まった銀貨を受け取り、それを六〇日目(のちに九〇日目)までに江戸の御金蔵へおさめる御用である。当時、年貢米《ねんぐまい》は大坂で売却され、換金されて、大坂の御金蔵におさめられ、現金で江戸の御金蔵へ送られていた。道中の宿《しゅく》や伝馬役《てんまやく》▲の負担は大きく、危険でもあった。御為替御用は六〇日間は資金の運用が可能であることから、三井はこの御為替御用を引き受けることとした。三井では、一六九一(元禄四)年、大坂高麗橋《こうらいばし》一丁目に呉服店と両替店を開き、江戸・京都・大坂の三都《さんと》に店を拡大した。さらに御為替御用の担保とするため、町屋敷を買い入れ、一七〇五(宝永《ほうえい》二)年時点で三万一〇〇〇両分の家質《いえじち》を幕府に差しだした(「御用留抜書《ごようどめぬきがき》　弐」一七九二〈寛政《かんせい》四〉年)。

一六九四(元禄七)年、高利は遺産配分の割合を示し、同年五月六日、京都の新町通六角下ル《しんまちどおりろっかくくだ》の屋敷で七三歳で没した。このころから、三井では商売が拡大し、店の統一が必要となった。一七〇五年、江戸・京都の呉服店をまとめて本店一巻《ほんだないちまき》とし、のちに大坂の呉服店、京都西陣の上之店《かみのたな》、松坂の松坂店、江戸の小野田《おのだ》店を加え、一七二九(享保十四)年には綿店も本店一巻に加えた。一七一九(享保四)年には、江戸・京都・大坂の両替店をまとめ、両替店一巻とした。両替店は、呉服店でえた利益を運用することを業務の一つとし、呉服店と両替店

▼**伝馬役**　江戸幕府の五街道の宿駅に課された人馬継立のための、交通機能を支える役。しだいに役金へ移行した。

「三都越後屋本店絵図」 左から京都，江戸，大坂。

が三井の商売の二つの柱となった。

　高利の没後、子どもたちは財産を分割せず、一族の共有として維持した。一七一〇(宝永七)年、大元方《おおもとかた》が設立され、試行錯誤をへて、二二(享保七)年に「宗《そう》竺《ちく》遺書」(宗竺は高利の長男高平《たかひら》の法名《ほうみょう》)が定められた。「宗竺遺書」とは、一六九四年に書かれた高利の遺言を改め、同苗《どうみょう》一致の原則を定め、家産の共有制と各家の持分、各店の業務を規定した、三井家家法《かほう》である。「宗竺遺書」によって、三井家同苗となったのは、本家《ほんけ》六軒(北《きた》家〈総領〉、伊皿子《いさらご》家〈次男〉、新町《しんまち》家〈三男〉、室町《むろまち》家〈四男〉、南《みなみ》家〈六男〉、小石川《こいしかわ》家〈九男〉)、連家《れんけ》三軒(松坂家〈長女の夫〉、松坂北家〈五男の長女の夫〉、小野田家〈養子〉)であり、のちに家原《いえはら》家(一七三〇〈享保十五〉年)、長井《ながい》家(一七四〇〈元文《げんぶん》五〉年)が連家に加えられ一一家となった。

　大元方とは、三井家と三井の経営を統《す》べ、管理と運用をはかる機関である。大元方は各店に「元建《もとだて》」という資本金にあたるものを提供し、各店は毎年半期ごとに利益金から店ごとに決められた「功納《こうのう》」を大元方へおさめた。功納をおさめた残りの利益は各店に積み立てられ、三年ごとに決算し、積立金の一〇分の一は支配人・組頭《くみがしら》・上座《かみざ》へ「褒美《ほうび》」として支給され、残りは「臨時納」として大元方

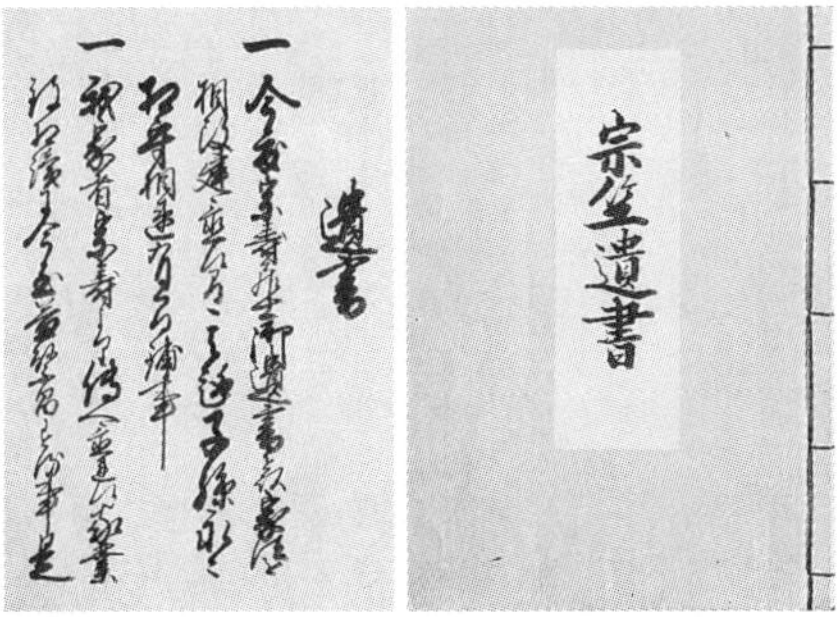

宗竺遺書　1722(享保７)年11月１日。

三井高平(宗竺)　1653(承応《じょうおう》２)年４月27日～1737(元文２)年閏11月27日。北家２代。

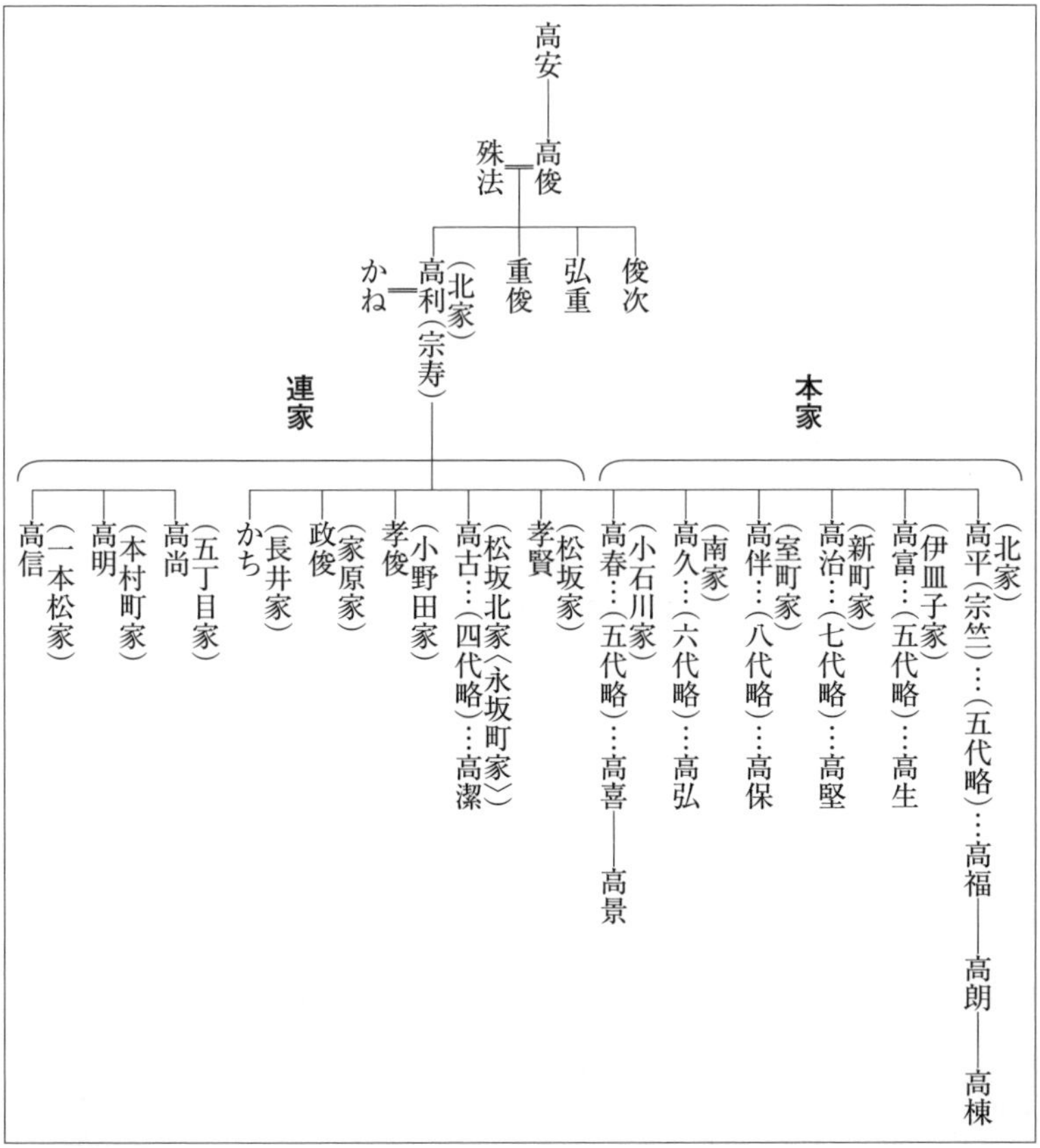

三井家略系図

へおさめられた(「規矩録」一七〇九〈宝永六〉年)。このように大元方は、三井家の家産を管理し、各店の規則の制定、決算の監査、経営指導、人事決定など、経営を掌握し、さらに三井各家への「賄銀《まかないぎん》」も管理する機関であった。

横浜開港と三井

一八五三(嘉永《かえい》六)年六月三日、浦《うら》賀《が》沖《おき》にペリー率いるアメリカ艦隊があらわれた。ペリーは日本との通商を要求し、一度は去ったが、翌一八五四(安政《あんせい》元)年一月にふたたび来航し、同年三月に日米和親条約を締結させた。一八五八(安政五)年六月十九日に、大老《たいろう》井《い》伊《い》直弼《なおすけ》▲は日米修好通商条約に調印し、その後、オランダ・ロシア・イギリス・フランスとも同様の修好通商条約を結んだ。これにより、一八五九(安政六)年六月から、ロシア・フランス・イギリス・オランダ・アメリカの五カ国との貿易が神奈川・長崎・箱館《はこだて》で始められた。

幕府は、当初神奈川を開港地と考えていたが、神奈川は街道《かいどう》にあたり、武士の往来が頻繁であり、攘夷《じょうい》論が起きている時期に開港しては外交問題を引き起こす可能性があると懸念し、横浜《よこはま》へ変更した。戸数一〇〇戸余りの横浜村に、

外国人三井店にて仕入買の図　橋本玉蘭斎編『横浜開港見聞誌』上、横浜、一八六二(文久二)年。

▼井伊直弼　一八一五〜六〇年。江戸後期の大老。彦根藩《ひこねはん》藩主。開《かい》国《こく》を主張し、徳川斉昭《とくがわなりあき》と対立する。日米修好通商条約に調印し、慶福《よしとみ》(のちの家茂)を将軍継嗣とする。安政の大獄《たいごく》を行い、水戸藩士《みとはんし》への処罰が厳しかったため、桜田門外《さくらだもんがい》で暗殺された。

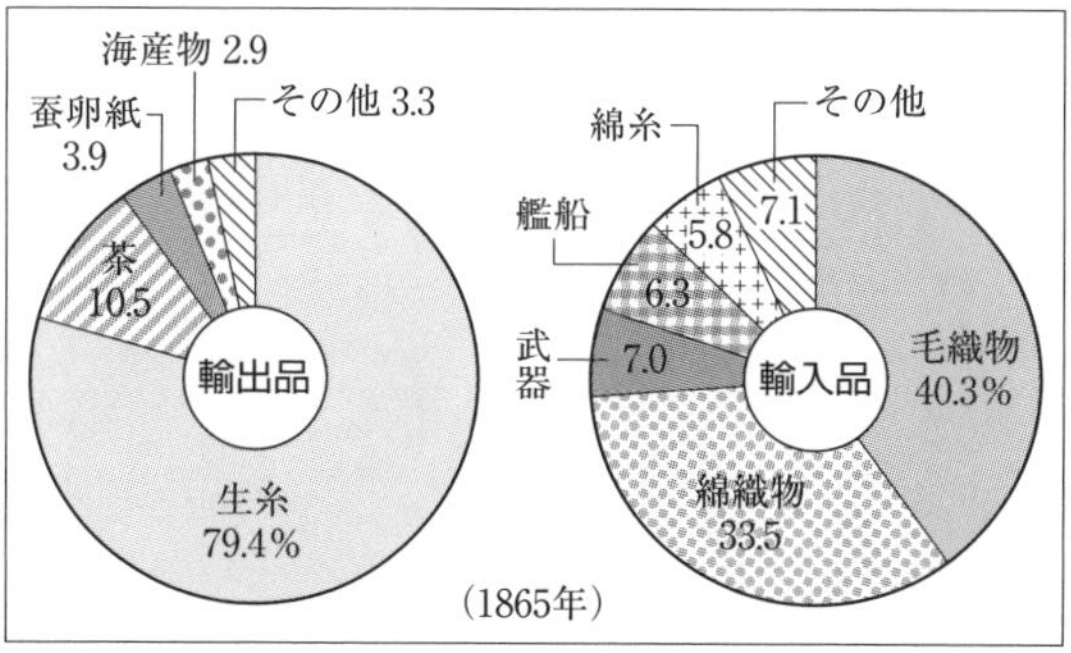

主要輸出入品の割合　一八六五(慶応元)年。石井孝『幕末貿易史の研究』による。

神奈川運上所《うんじょうしょ》を建築し、東側を外国人居留地、西側を日本人居住地とし、横浜町と改称した。

横浜が開港されると、外国人商人が買い入れたものは、生糸《きいと》と茶であった。一八六〇(万延《まんえん》元)年の横浜港からの輸出額三九五万四二九九ドルのうち、二五九万四五六三ドル(六五・六%)が生糸、三〇万八四五二ドル(七・八%)が茶であった(石井孝『幕末貿易史の研究』)。ヨーロッパでは、一八五〇年ごろから蚕病《さんびょう》が流行し、六八年にピークを迎えた。そのため、蚕種・繭《まゆ》・生糸が欠乏し、価格が高騰していた。生糸が外国人商人に求められていることを知ると、日本人の売込商は、奥州《おうしゅう》・上州《じょうしゅう》・信州《しんしゅう》・甲州《こうしゅう》の農家の庭先にまで押しかけ、生糸を買い漁《あさ》り、日々横浜へ送った。そのため生糸は品切れとなり、価格は急騰した。幕府はこうした事態に対し、一八六〇年閏《うるう》三月十九日「五品《ごひん》江戸廻送令《かいそうれい》」をだし、雑穀《ざっこく》・水油《みずあぶら》・蠟《ろう》・呉服・生糸の五品を横浜へ直接出荷することを禁止し、一度、江戸の問屋へ送ることを命じた。

このような生糸輸出の拡大は、養蚕《ようさん》業や製糸業にかかわる農民・商人には利益をもたらしたが、絹織物業者には打撃をあたえた。横浜開港による生糸価格

横浜の生糸売買の図

の高騰と生糸の欠乏は、国内の絹織物の産地である西陣・桐生《きりゅう》・八王子《はちおうじ》・秩《ちち》父《ぶ》・郡内《ぐんない》・福島・藤岡《ふじおか》・足利《あしかが》などの地域に大きな打撃をあたえた。これらの地域では、生糸の入手が困難となり、絹織物業者は困窮し、休業があいついだ。西陣の絹織物業の衰退は、京都で仕入れて江戸で売るという三井の本店一巻の営業にも打撃をあたえた。

一方、横浜開港に際して幕府は、貿易に携わる商人を集める必要があった。幕府は商人たちに出店を呼びかけ、一八五九年二月には三井に横浜での出店と外国方《がいこくかた》御金御用達《ごようたし》を命じた。外国方御金御用達とは、輸出品の代金を三井であずかり、日本人商人へ代金を渡し、残金を江戸へ為替で送り、さらに役所が必要とする金の出納《すいとう》も行う、というものである。この命令を受けて、三井では同年六月一日、江戸本店の出店として、横浜店を横浜本町二丁目に開店した（カバー裏写真参照）。仕入れは江戸本店が行い、横浜店では外国人向けに絹織物・木綿などを売り、同時に貿易にかかわる公金出納取扱いを行った。横浜店は開店当初は利益をあげたが、絹織物の輸出はふるわず、一八六〇年には売上げは急速に落ち、六一（文久《ぶんきゅう》元）年には赤字をだすほどとなった。一八六二（文久

▼**御用金**　豊作のために下落した米価を引き上げるため、米穀買上げの資金として、幕府が富裕な町人から借り上げた金。天保期ごろから、幕府財政を補塡するための強制的な借金となった。

▼**徳川家茂**　一八四六〜六六年。第十四代将軍（在職一八五八〜六六年）。和歌山藩主徳川斉順《なりより》の長男。将軍継嗣に選定され、家茂と改める。孝明《こうめい》天皇の異母妹の和宮《かずのみや》と結婚。

「改正大江戸町々施シ附」(部分)　1866(慶応２)年６月。

二)年四月、横浜店は類焼を機会に絹織物の取扱いをやめ、外国方御金御用達のみを扱うようになった。

このころ、江戸や京都、大坂の都市では物価の上昇と生活の不安から治安は悪化し、火災もしばしば起こり、下層民による三井への打ちこわしが心配されていた。三井では下層民へ米や金を施す施行《せぎょう》を行い、仏教上の功徳を積むと同時に、三井への押しかけを阻止した。施行や火災による臨時の出費に加えて、横浜開港以降、増加する多額の御用金《ごようきん》▲が三井の経営を圧迫していった。

幕府の主たる財政基盤は、幕府直轄領からはいる年貢米であったが、幕末期には年貢米だけではたりず、幕府は江戸・大坂の豪商へたびたび、御用金を課した。一八六二年七月、幕府は京都の治安維持のため、京都守護職《しゅごしょく》をおくことを決定すると、翌年十月には、守護職屋敷の設置のため、守護職御役《おやく》屋敷御普《ごふ》請《しん》御入用銀請払《ごにゅうようぎんうけはらい》御用を三井に命じた。一八六二年に将軍家茂《いえもち》▲の上洛《じょうらく》が決定すると、二条城《にじょうじょう》修復や供奉者《ぐぶしゃ》の宿舎建築のための入用銀の請払御用を命じ、一八六四(元治《げんじ》元)年一月の将軍家茂再上洛の際も、三井に将軍上洛中の入用銀引請御用を命じた。

たび重なる御用により、三井の財政は厳しい状況に追い込まれていった。従来、幕府御用金は大元方が負担してきたが、しだいに大元方では受けきれず、両替店がかわって上納するようになった。しかも、本来は御用金とは無関係の本店一巻もまた、横浜表御金銀御貸附御用、御軍艦洋銀量目御引替御用、御普請金請払御用、横須賀《よこすか》(ママ)精鉄所請払御用などの幕府御用を引き受けていた。さらに三井では、従来からの大坂御金蔵御金銀御為替御用を継続しており、公金請払御用、京都町奉行《まちぶぎょう》や御所《ごしょ》勘使所の公金請払御用、禁裏《きんり》御所造営に関する請払御用も引き受けていた。

三野村利左衛門の三井入り

一八六二(文久二)年に、横浜店は絹織物の取扱いをやめたが、外国方御金御用達は継続しており、つぎつぎと御用が命じられていた。横浜店としては、本来は呉服商が家業であり、御用は商売違いであったが、大切な御用筋でもあり、「連々続」の御金御用を「御免」することもできず、やむをえず引き受けていた(「江戸本店横浜店御預り金元方持替《もとかたもちかえ》一件ニ申談書写」)。一八六六(慶応《けいおう》二)年二月、

三井元之助（高生）　一八四三（天保十四）年五月二十三日〜一九一四（大正三）年八月十二日。伊皿子家七代。

▼伊勢屋平蔵（岡田平蔵）　一八三五〜七四年。釘銅鉄物《くぎどうてつもの》問屋伊勢屋平作《へいさく》（伊勢平）の養子にはいり、岡田平蔵と改名。開港直後の横浜で売込商の店を商った。禁制品《きんせいひん》を取り扱ったことにより、江戸・横浜から追放処分を受け、大坂へくだり、五代友厚《ごだいともあつ》と古金銀分析所を設立する。井上馨《いのうえかおる》など政府高官とのつながりが深かった。

三井は幕府から長州《ちょうしゅう》征討の軍資金として、一五〇万両《りょう》の御用金を命じられた。三井元之助《もとのすけ》（高生《たかしげ》）は「御免」を嘆願したが聞き届けられなかった。

そのころ、江戸本店に出入りする美野川利八《みのかわりはち》という者がいた。美野川利八は、御役所方《おやくしょかた》所々へ「御懇意」であり（「江戸本店横浜店御預り金之次第」）、「凡物《ぼんぶつ》ニアラズ、大事ヲ託」せる人物とみられた（「三井銀行史話（七）三野村利左衛門　その二」）。三井ではこの美野川利八に内願《ないがん》を頼むこととした。美野川利八の努力と苦心の末、ついに五〇万両、三カ年割納が聞き届けられた。

この御用金賦課に対して大元方では、横浜店が多額の利益をえているという「浮説《ふせつ》」があるためではないかと、江戸本店を調査させた。その過程で、横浜店で、幕府預り金に多額の滞り金があることが発覚した。大元方は急遽取り調べたが、これらの幕府預り金は江戸本店と横浜店のどちらの店が取り扱っているのかも曖昧であり、江戸本店の取締り不足・帳合い不足・突合せ不足などから滞りが生じていた。調書によれば、滞り金の貸付先は中屋藤助《なかやとうすけ》や伊勢屋平蔵《いせやへいぞう》（岡田《おかだ》平蔵▲）など横浜の生糸商人たちであり、横浜店が行った洋銀売買も損失を生じさせていた。一八七〇（明治三）年に確定された損金総額は一二万五〇〇〇

「横浜海岸通り之真景」 三代歌川広重筆。

両であり、「只々《ただただ》仰天《ぎょうてん》十方暮《とほうくれ》」る金額であった(「慶応三丁卯四月江戸向店刀根喜三郎《とねきさぶろう》京元方土方治兵衛《ひじかたじへえ》上京外国方其外是迄《そのほかこれまで》御金御用一件之調書写」)。

この事件を契機に、大元方はあらたに御用所《ごようしょ》を設置し、横浜店の貸付金の収拾と幕府の公金請払御用を扱わせることを計画した。一八六六年十月、勘定所《かんじょうしょ》から江戸市中《しちゅう》荷物引当《ひきあて》御貸付金取扱の御用が命じられた。三井にとって、この御用も断わることはできなかった。本店名代役《みょうだいやく》稲垣次郎七《いながきじろうしち》と両替店通勤《つうきん》支配永田甚七《ながたじんしち》は、さきの美野川利八をともない京都へ上京し、江戸本店・横浜店の不取締りを打ち明け、なにぶん多額の滞り金であり、今度、御用を断わると、幕府がほかへすべての御用金を命じ、三井へ今までの御用金の返上納を命じた場合、三井家も三井の店も「滅亡眼前」に迫るものであり(「江戸本店横浜店御預り金元方持替一件ニ申談書写」)、三井では御用を引き受けざるをえないことなどを話した。

一八六六年十一月二日、三井ではあらたに設置する御用所の責任者として美野川利八を雇い入れることとした。このとき、三井家の「三」の字にちなみ「三野村」と改称し、「利八」の「八」の字が三井家では、八郎右衛門《はちろうえもん》など多くの同苗の名前に用いられているため、「八之字差支《さしつか》」えると、「利左衛門」と改名した（「江戸本店横浜店御預り金之次第」）。三野村利左衛門は「御用所限通勤支配格」として三井にはいることとなった（「寄会帳操出し」）。

三野村利左衛門の三井にはいるまでの経歴は諸説あり不明な点が多い。出羽《でわ》国庄内《しょうない》の武士出身とする説（津田権平纂述『明治立志編――一名民間栄名伝』二篇、一八八〇年刊、香夢楼主人編『商人立志篇』一八八八年刊）、信濃《しなの》の農民出身とする説（大植四郎編『明治過去帳――物故人名辞典』一九三五年刊、『日本人名辞典〈新撰大人名辞典〉』一九三八年刊）、宮崎出身とする説（長井実・益田孝『自叙益田孝翁伝』一九三九年刊）がある。一八七三（明治六）年一月十五日付の記録などによれば、三野村は、二一（文政《ぶんせい》四）年十一月十日、出羽国庄内藩水野《みずの》家の家臣木村松三郎《きむらまつさぶろう》の次男として生まれた。父は、もと関口《せきぐち》松三郎といい、三〇〇石《こく》取りの家であり、幼少のとき、木村利右衛門《りえもん》の養子となった。父が出奔し浪人となったため、利左衛門も七歳で京都・大坂に居住し、一四歳から諸国を放浪した。一八三九（天保《てんぽう》十）年、深川《ふかがわ》の干鰯《ほしか》問屋丸屋《まるや》に住込み奉公《ほうこう》し、四五（弘化《こうか》二）年神田三河町《かんだみかわちょう》三丁目で、油や砂糖を商う紀ノ国屋《きのくにや》美野川利八に見込まれ婿養子となり、利八を襲名し「紀《き》ノ利《り》」と呼ばれた。妻の「なか」が金瓶糖《こんぺいとう》をつくり、利八がこれを行《ぎょう》商《しょう》して歩いたともいう。「艱難辛苦《かんなんしんく》」の末、両替屋の株を買い入れ、脇両替商を開業した。三野村は、勘定奉行小栗忠順《おぐりただまさ》▲の家に雇い仲間として奉公していた時期があった。その縁故から以後も小栗邸に出入りしているうちに、一八六〇(万延《まんえん》元)年の貨幣改鋳《かいちゅう》の際に、天保一両小判《こばん》を万延小判三両一分《ぶ》二朱《しゅ》に吹きかえるという、「値増引替」の情報を事前につかんだ。そして天保小判を買い占め、巨利をえたという。このとき、「よしや」両替店の林留《はやしとめ》右《え》衛門《もん》を介して、買い集めた天保小判を三井両替店に売り込んだことが三井の知遇をえるきっかけとなったという。三井家では、勘定奉行小栗忠順の知遇をえていた三野村に仲介を頼んだのであった。

三井では、奉公人を京都か松坂で雇い、江戸や京都・大坂の店へ配置した。奉公人は、初め見習ではいり、手代《てだい》は一〇日以内、子供は三〇日以内に請状《うけじょう》を提出し、はじめて正規の奉公人となった。一三〜一四歳で「子供」として三井にはいった奉公人は、年月をかけて手代から番頭《ばんとう》へと昇進していった。三井における役名は、本店では、一七三一(享保十六)年時点で、大元締《おおもとじめ》を頂点とし、元

▼**小栗忠順**　一八二七〜六八年。幕末維新期の勘定奉行。新潟奉行の子。一八六〇(万延元)年の遣米《けんべい》使節の一員に選ばれる。外国奉行、勘定奉行、町奉行をつとめ、勘定奉行に復した。軍艦奉行をつとめ、横須賀軍港の基礎を築く。勘定奉行として幕末期の財政を担当した。新政府軍にとらえられ、斬られた。

別家手代の暖簾

締—元方掛《もとかたかかり》名代—名代《みょうだい》—後見役《こうけんやく》—宿持《やどもち》支配人—店支配人—支配人格・支配准役—支配人並—組頭役—組頭—連役—上座—平《ひら》手代—子供となっていた。両替店では、一七三七（元文《げんぶん》二）年で、元締役を頂点に、加判《かはん》名代—元方掛名代—名代役—通勤支配人—支配人—支配人格—組頭役—組頭格—平手代—子供となっていた。この昇進の途中に、「中登《なかのぼ》り」があった。店にはいってから七〜八年たつと、多くの奉公人は京都や伊勢へ帰国が許された。中登りは、初《はつ》登り・二度登り・三度登りと、ほぼ七年ごとにあった。中登りは奉公人にとって楽しみであったが、同時に人員整理のときでもあった。

年季をつとめあげた奉公人が独立する際には、大元方から屋号《やごう》や暖簾《のれん》印が許された。元締・名代・支配人・本店組頭は、越後《えちご》屋の屋号と暖簾印に丸《まる》に井桁《いげた》三の字（）を、本店以外の組頭・役頭・上座は、越後屋の屋号と暖簾印に丸なしの井桁三の字（）を、平手代は丸に越《こし》の字（）を使うことが許された。

三野村利左衛門が四六歳で、御用所かぎりとはいえ中途から宿持手代として三井へはいったことは、当時の三井の昇進制度において破格の待遇であった。一八六七（慶応三）年、三野村は後見格となり、正規の奉公人に昇格した。

三井次郎右衛門（高朗）　一八三七（天保八）年十二月十九日〜一八九四（明治二十七）年。北家九代。

②——三野村利左衛門と三井の改革

維新政府と三井

一八六七（慶応三《けいおう》）年十二月九日、討幕《とうばく》派の薩摩《さつま》藩・長州《ちょうしゅう》藩は藩兵を結集し、王政復古《おうせいふっこ》の大号令《だいごうれい》を発し、征夷《せいい》大将軍、朝廷《ちょうてい》内の摂政《せっしょう》・関白《かんぱく》、京都守護職《しゅごしょく》、京都所司代《しょしだい》などを廃止し、あらたに天皇のもとに総裁《そうさい》・議定《ぎじょう》・参与《さんよ》の三職を設置した。この日の夜、天皇親臨《しんりん》のもとに開かれた小御所《こごしょ》会議では、徳川慶喜《とくがわよしのぶ》に辞《じ》官納地《かんのうち》を命じることを決定した。二条城《にじょうじょう》に兵を結集した慶喜は、いったん大坂城へ引き上げた。緊迫する政情下で、三井にとって幕府《ばくふ》側と討幕派のどちらの勢力に組みするかは、重大な問題であった。

三井では、一六八七（貞享《じょうきょう》四）年の呉服御用《ごよう》以来、大坂御金蔵《ごきんぞう》御金銀御為替《おかわせ》御用をはじめ数多くの幕府御用をつとめてきており、一方で京都の禁裏《きんり》御所にかかわる御用などもつとめていた。三井の店は幕府の拠点である江戸《えど》・大坂にもあり、討幕派の拠点である京都にもあった。この時期、三井で各種の情報収集を担ったのは、北《きた》家の次郎右衛門《じろうえもん》（高朗《たかあき》）であったという。次郎右衛門は「幕

▼**鳩居堂**　京都の筆墨香具商。幕末期の当主、熊谷久右衛門は、禁門《きんもん》の変《へん》の際に長州勢に食糧を贈り、維新政府に招かれ、朝廷に出入りし、献金などに奔走した。

府方へは同朋衆《どうぼうしゅう》にまで手を廻《ま》はして其《その》内情を探り、勤王方《きんのうがた》には薩長《さっちょう》を始め各藩々に隠密《おんみつ》を入れてその事情を知るに力《つと》めたり、故に何事かあれば僅《わずか》に半時間にして悉《ことごと》く高朗様の手元に通」じるほどであったという（「能勢規十郎《のせきじゅうろう》氏談片」）。北家に残された「東都秘録《とうとひろく》」には、町触《まちぶれ》、張紙《はりがみ》、「非常之節」の御本丸《ほんまる》へ人数差出の配置、藩邸への人の出入り、御借上《おかりあげ》御用金の内訳など、政情にかかわるさまざまな情報が記録されている。

さしたる財源をもたない討幕派は、豪商《ごうしょう》へ金穀《きんこく》の上納を求めた。十二月二十六日夜十一時ごろ、御所のなかに設置された金穀出納所《すいとうしょ》からの呼出しにより、三井手代《てだい》が出頭すると、鳩居堂《きゅうきょどう》▲の熊谷久右衛門《くまがいきゅうえもん》から、朝廷には「恐多も《おそれおおく》一金《いっきん》之《の》御貯《おたくわえ》」もないことが告げられ、今こそ「勤皇《きんのう》尽力」するよう説得され、御用引受けを求められた（「王政御一新被為仰出際《おおせいだされのさい》京大坂江戸於テ相勤候御用記」）。十二月晦日《みそか》、三井は金穀出納所へとりあえず金一〇〇〇〇両を請書《うけしょ》とともに献金した。これにより三井は、討幕派への加勢を明らかにした。

一八六八（慶応四）年正月二日、幕府軍は北上を始め、正月三日、京都南郊で鳥羽《とば》・伏見《ふしみ》の戦いが開戦し、戊辰《ぼしん》戦争が開始した。正月十七日、維新《いしん》政府に三

天保一分銀
1837(天保８)年，重量8.6g。

▼小野　江戸から明治初期の豪商。南部《なんぶ》を本拠として活躍。幕府の金銀御為替御用をつとめ、大《だい》名貸《みょうがし》・両替業を営んだ。維新時には金穀出納所御用達をつとめ、献金・御用金を提供した。明治初期に拡大したが放漫経営でもあった。官金抵当増額令に対して、抵当物を調達できず破産した。

▼島田　江戸から明治初期の豪商。遠祖は、郷士《ごうし》の島田八郎右衛門という。のちに京都にでて、呉服・太物《ふともの》を扱う一方で両替屋を営んだ。当主は八郎左衛門を称した。明治政府の為替方として官金出納を取り扱ったが、官金抵当増額令に対して、抵当物を調達できず破産した。

職七科が設置されると会計事務科が設けられ、三井・小野《おの》▲・島田《しまだ》▲の三家は金穀出納所為替御用達《ごようたし》に任命され、十九日、三家共同で金一万両を金穀出納所に献納した。二月三日に三職八局に改変され会計事務局がおかれると、三家は御為替掛屋《かけや》の御用を命じられた。

三井は手代を官軍《かんぐん》に随行させ、軍資金の調達と出納にあたらせた。三井手代の堀江清六《ほりえせいろく》は、三月十三日、官軍が武州《ぶしゅう》蕨宿《わらびしゅく》に到着すると兵糧米《ひょうろうまい》を手配するよう依頼され、白米一〇〇〇俵を深川《ふかがわ》佐賀町《さがちょう》の三井の土蔵《どぞう》におさめた。四月三日、堀江が板橋《いたばし》の官軍本陣《ほんじん》に出頭すると、軍用金一〇万両を四月十五日、十六日ごろまでに調達するよう命じられた。開戦直前の江戸は、土蔵造りの家は「閉店同様ニ窓目塗《めぬ》」りをし、往来は寂しく、為替取組みはできそうにない状況であった。三井では尽力の末、四月六日には二万五〇〇〇両をすべて一分銀《いちぶぎん》で上納した。駒込《こまごめ》辺りから板橋のあいだは旧幕臣《ばくしん》や浪士《ろうし》が潜伏しており、陸路は通行できないと、出入りの舟宿で確かな舟頭を雇い、舟の床下に金を積み、手代三人が乗り込み、舟上では酒食をし遊山舟を装った。どこも寂しげな形勢のなか、隅田川《すみだがわ》や千住《せんじゅ》辺りで他の船と行き交うと、乗込み人数が少ない割に舟が

御東幸　月岡芳年筆「東京府銀坐通之図」。

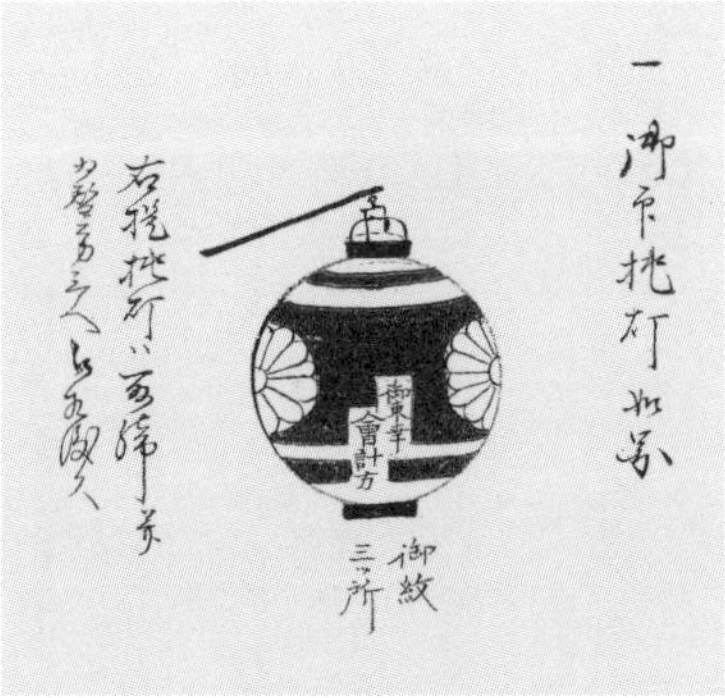

御東幸会計方提灯　「慶応四戊辰年八月御東幸御用日記」による。

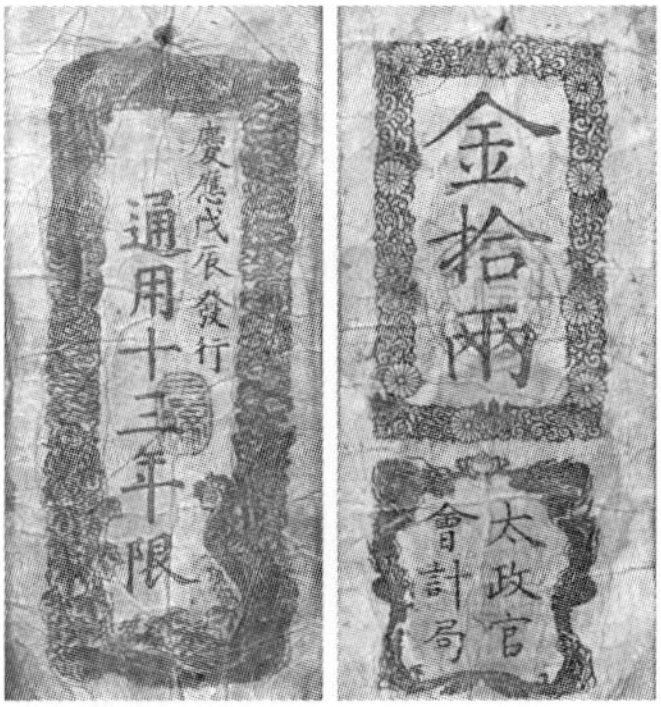

太政官札　1868(慶応４)年。

三井家首脳と三野村利左衛門　前列左から三井高喜，三井高福，三野村利左衛門，後列左から斎藤純蔵，三井高朗。

沈んでいるのはどうした訳かと再三たずねられ、「肝ヲ冷シ」気味の悪い思いをしながら、「薪屋河岸《(ママ)》」までこぎつけ、王子《おうじ》の薩摩藩兵に迎えられ、板橋の官軍本陣へ上納したという。四月十三日、同様の方法で一分銀、一万両を上納した（「王政御一新被為仰出際京大坂江戸於テ相勤候御用記」）。こうして三井は、維新政府への軍資金と兵糧米の調達を担った。

三井銀行の創立

財源に窮した維新政府では、参与の三岡八郎《みおかはちろう》（由利公正《ゆりきみまさ》）▲が、会計基立金と金《きん》札《さつ》（太政官札《だじょうかんさつ》）の発行を建議した。一八六八（慶応四）年一月二十三日に会計基立金の募集が決定し、五月から太政官札が発行された。会計官のなかに新設された商法司《しょうほうし》は、有力商人に商法会所《かいしょ》を組織させて太政官札を貸し付け、殖産《しょくさん》と貿易を振興させようとした。しかし、太政官札は不換《ふかん》紙幣であり、維新政府は支配力が弱く通用させる強制力がなかったため、太政官札は流通せず、その価値は下落していった。

一八六八年七月十七日、江戸は東京と改称され、八月、天皇の東京行幸《ぎょうこう》が

▼**由利公正**　一八二九〜一九〇九年。幕末の越前《えちぜん》藩の志士《しし》、明治政府官僚。三岡八郎と称し、維新後に由利と称す。横井小楠《よこいしょうなん》の思想を受け、越前藩の財政再建に成功。会計基立金の募集、金札の発行をし、五箇条《ごかじょう》の誓文《せいもん》の原案を起草した。子爵《ししゃく》。

▼**鴻池善右衛門**　大坂の豪商。酒醸業から始まり、のち大名貸・海運業を行い、両替商に転じる。廃藩置県により七六藩と取引があったため莫大な損害を受けた。

▼**広岡久右衛門**　大坂の両替商・米問屋。屋号は加島屋《かじまや》。各藩の蔵屋敷《くらやしき》為替方をつとめ、大名貸も行った。

▼**長田作兵衛**　大坂の豪商。両替業として大名貸を行い、熊本藩の蔵元《くらもと》・掛屋、宇和島《うわじま》藩の紙方蔵

発表された(二三ページ上写真参照)。行幸に際して、三井八郎右衛門《はちろうえもん》(高福《たかよし》)・次郎右衛門(高朗)・三郎助《さぶろうすけ》(高喜《たかよし》)は島田・小野とともに御東幸《ごとうこう》金穀出納取締を命じられ、追って、山中《やまなか》(鴻池《こうのいけ》)善右衛門《ぜんえもん》▲・広岡久右衛門《ひろおかきゅうえもん》▲・長田作兵衛《おさださくべえ》▲・殿村平《とのむらへい》右衛門《えもん》▲が加えられた。御東幸金穀出納取締とは、行幸中の出納と不足金の調達をする任務であるが、政府は道中の費用を太政官札で支払うことによって、太政官札を流通させせようとした。

一八六九(明治二)年一月、大隈重信《おおくましげのぶ》▲が会計官御用掛《がかり》になると、開港場に通《つう》商《しょう》司《し》が設けられ、為替会社と通商会社が設置された。通商会社と為替会社は三都《さんと》の大商人を中心に組織され、とくに三井・小野・島田は各社に三分の一以上の出資をした。

このように三井は、会計基立金の借入れ、太政官札の流通、東京行幸への随行、商法司・通商司の政策への参加を通じて、維新政府の財政・金融政策に寄与すると同時に、政府の財政・金融機構のなかに三井の基盤を固めていった。

一八七一(明治四)年五月十日、金融制度・貨幣制度などの調査のためにアメリカに渡っていた大蔵少輔《おおくらしょうゆう》伊藤博文《いとうひろぶみ》▲からの建議を契機に、政府は「新貨条《しんかじょう》

元・掛屋をつとめた。屋号は加島屋。

▼**殿村平右衛門**　大坂の米穀商・両替商。屋号は米屋《こめや》。二代目平右衛門のとき、大名の資金を江戸に送付する江戸為替を実施した。

▼**大隈重信**　一八三八〜一九二二年。明治から大正期の政治家。佐賀藩士の長男。大蔵卿として殖《しょく》産興業《さんこうぎょう》政策を進めた。立憲改進《りっけんかいしん》党《とう》を結成し、日本最初の政党内閣を組閣。第二次大隈内閣で第一次世界大戦に参戦した。東京専門学校(のちの早稲田《わせだ》大学)を創立。

▼**伊藤博文**　一八四一〜一九〇九年。明治期の政治家。周防《すおう》国の農民の子。松下村塾《しょうかそんじゅく》に学び、一八六三(文久《ぶんきゅう》三)年イギリスに留学。岩倉遣欧使節団《いわくらけんおうしせつだん》に加わり、帰国後、征韓《せいかん》論に反対。憲法草案・皇室典《こうしつてん》範《ぱん》草案の起草を行い、内閣制度を導入した。四回組閣し、明治天皇の信任をえていた。公爵《こうしゃく》。

例《れい》」を公布し、金本位制《きんほんいせい》による、「円」を貨幣単位とする新貨幣の発行を行った。同年六月、三井は大蔵省から新貨幣発行にともなう御用為替方を命じられ、ただちに「為換座《かわせざ》」を設立した。新貨幣の御用為替方とは、古金銀・地金を納入した者へ新貨と交換することと、古金銀を買い入れ、造幣寮へ納入する業務であった。このとき三井では、新貨幣の御用為替方だけでなく、「真貨兌換《だかん》之証券」を発行する「銀行」の設立を計画していた。しかし、新貨幣の御用為替方を造幣の補助手段としてのみ考えていた伊藤の反対によって、三井による正金《しょうきん》兌換証券の発行は中止となった。大蔵省は急遽、「大蔵省兌換証券」の発行を為換座三井組に委託することとした。

一八七一年七月の廃藩置県《はいはんちけん》▲によって、政府が全国から租税を徴収することが可能になると、各府県で徴収された租税を政府に送金・納入する組織が必要となった。一八七二(明治五)年五月十五日、大蔵省は府県の官金《かんきん》出納を、為替方をつとめる三井・小野・島田に取り扱わせることを命じた。同年八月五日に「国立《こくりつ》銀行条例」が裁可されると、大蔵省は三井・小野・島田に対して為替方の廃止と預り官金の即納を命じ、三井小野組合銀行に対して大蔵省為替御用掛を

▼廃藩置県　一八七一(明治四)年、薩摩・長州・土佐《とさ》藩の親兵《しんぺい》を背景に、知藩事《ちはんじ》を罷免し、政府が任命する県知事(のち県令《けんれい》)をおき、三府三〇二県とした。政府に対抗しうる強力な権力がなくなり、中央集権化が進められた。

▼渋沢栄一　一八四〇〜一九三一年。明治から昭和初期の実業家。武蔵《むさし》国の農家の長男。徳川昭武《とくがわあきたけ》のパリ万国博覧会列席に従い、ヨーロッパを視察。大阪紡績会社、東京海上保険会社、日本鉄道会社など多くの会社の創立に尽力した。子爵。

▼清水喜助(二代目)　一八一五〜八一年。幕末から明治期の大工・建築家。越中《えっちゅう》国の大工の次男。築地《つきじ》ホテル館・第一国立銀行・三井組ハウスなど、擬洋風建築の設計・施工をした。現在の清水建設株式会社の基礎を築いた。

第一国立銀行

渋沢栄一

命じた。こうして大蔵省の官金取扱いと大阪府・京都府・宮内省などの官金出納が三井小野組合銀行に移された。

このころ、三井組と小野組のあいだでは、第一国立銀行創立の準備が進められ、総監《そうかん》役に渋沢栄一《しぶさわえいいち》▲、頭取《とうどり》に三井八郎右衛門と小野善助《ぜんすけ》、支配人には三野村利左衛門が就任した。一八七三(明治六)年八月一日に第一国立銀行が開業すると、大蔵省の官金取扱業務は第一国立銀行で行われることになった。しかし、他の省庁や府県の官金出納は三井組と小野組にまかされることになった。

第一国立銀行の創立によって、三井は東京の海運橋《かいうんきょう》兜町《かぶとちょう》の三井組ハウスを、第一国立銀行に譲渡することを迫られた。兜町の土地は、江戸時代に呉服御用の引受けに対して幕府から拝領した土地であった。明治初年に政府に上地《あげち》され、一八七一年二月、維新の際の功績に対して三井家に東京府から払い下げられ、地代を恩賞《おんしょう》として下賜《かし》された、三井にとって「由緒ある拝領地」であった(「地所掛長川口藤吉談話筆記録」)。一八七〇(明治三)年十月、三野村はここに兜町三井組ハウスを新築し、三井組のあらたな拠点にしようとしていた。設計・施工は二代目清水喜助《しみずきすけ》▲に依頼し、擬洋風建築の建物は一八七二年六月に竣工したばか

駿河町三井組ハウス　一八八五（明治十八）年ごろ。

りだった。同年九月、抵抗むなしく、三井組は兜町三井組ハウスを手放し、駿《する》河町《がちょう》の旧呉服店の跡地へ、新しく駿河町三井組ハウスを建築することを決定した。駿河町三井組ハウスは、設計を二代目清水喜助に依頼し、総工費約一五万円、建坪六二〇坪、三階建て、正面と東側にバルコニーがつき、屋根には巨大な鯱《しゃち》がおかれ、高さ約二二・八メートルの擬洋風建築であった。一八七四（明治七）年に竣工し、五月六日には「三井組」と「為換バンク」の開業式が行われた。

ところで、三井組や小野組が扱う大蔵省以外の省庁や府県の官金出納は、莫大な金額であることから、一八七四年二月、大蔵省は官金預り金額の三分の一の抵当物を差し入れることを命じた。さらに同年十月二十二日には、大蔵省は府県為替方の抵当物を預り金相当額に引き上げる旨を通達してきた（官金抵当増額令）。抵当物の納入期限は十二月十五日かぎりであった。

当時、三井組で扱っていた官金預り高の全貌は明らかではない。一八七四年十二月四日付の「各御省寮府県抵当調高」によれば、東京扱分の抵当額は二一六万七〇〇〇円とされ、上納済みの抵当額は六三万三三五〇円で、残り一五三万三六五〇円の抵当物が必要であった。ほかに大阪府一五万円、京都府一五万円、

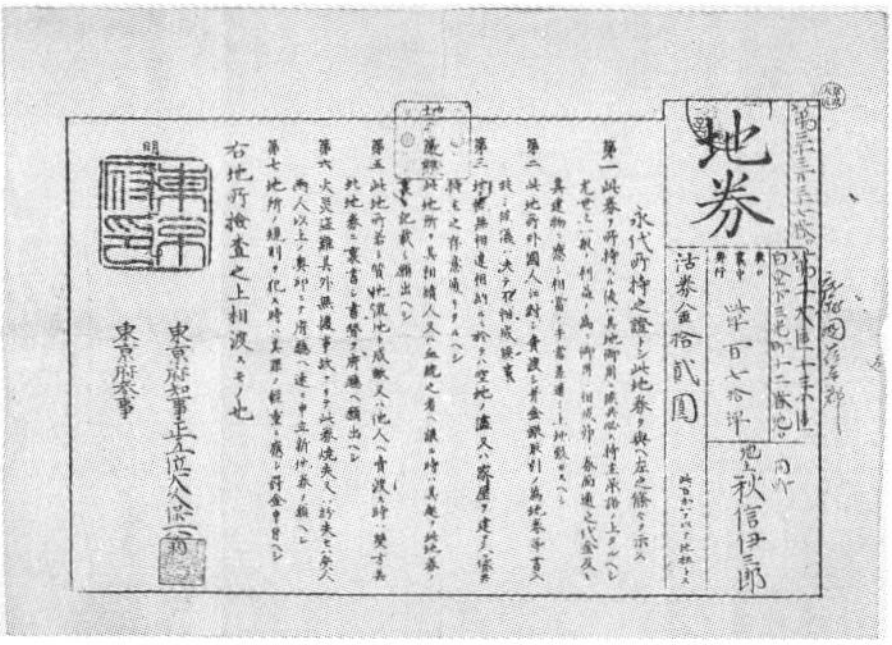

東京府の市街地券　一八七五（明治八）年。

兵庫県一〇万円、大阪鎮台《ちんだい》四万円、大阪税関一万円、京都裁判所三〇〇〇円に対する抵当物も必要であった。

三井組がどのようにしてこの抵当物を調達したかは明らかではない。現在知られている抵当物納入手段の一つは、オリエンタル・バンクからの借入れであり、もう一つは所有地の地券《ちけん》地価の書換えである。

三井組では、公債のかわりに「東京地券百弐拾通《ひゃくにじゅっつう》」を一時的に抵当として認めてもらっていた。三井組は所有地の売買を三井組内部で行い、地券地価の書換えを行った。三野村の信頼をえていた三井組手代の松島吉十郎《まつしまきちじゅうろう》の談話によれば、地券の書換えには、「ドウシテモ八郎右エ門様ノ実印ガ要ル」が、京都の中井三平《なかいさんぺい》が実印を東京へ送ることを承諾せず、余儀なく「印版屋ヲ呼ビ……八郎右エ門様ノ印ヲ拵《こしら》エタ」という。このことを知っているのは、三野村と平尾《ひらお》賛平《さんぺい》など限られており、多くの重役は知らなかったという。三井組では「有価証券ハ勿論《もちろん》、土地カラ家屋、古金銀ノ類ニ至ルマデ、手ノ届ク限リヲ集メテ……日ニ幾回トナク纏《まと》マル運ブ、纏マル運ブト云フヤウナ工合《ぐあい》」であった（「松島吉十郎談話筆記」）。

かくして三井組は、三野村たちの尽力によって、期限内に抵当物を調達することができた。この三井組の危機に際して、三野村たちは「殆《ほと》ド寝食ヲ忘レテ奔走シ、徹夜ヲスルコトハ常デ」あった。危機が去ったのち、三井家は三野村に対して「其忠其功実以不堪感賞《じつをもってかんしょうにたえず》」と謝辞を送った。

一方、小野組は、期日までに抵当物を調達することができなかった。十一月二十日、小野組は破産し閉店した。島田組も十二月十九日、破産し閉店した。

さて、一八七五(明治八)年七月七日「三井銀行創立願書」が東京府へ提出された。大蔵省は「人民相対」で営業することを認め、いくつかの条件を付した。三井組はこれを訂正して再申請し、一八七六(明治九)年五月二十三日、許可をえた。七月一日、三井銀行は日本最初の私立銀行として駿河町三井組ハウスに開業した(三三ページ上写真参照)。総長に三井八郎右衛門、総長代理副長には三野村利左衛門が就任した。資本金二〇〇万円、東京本店のほか三〇カ所の分店・出張店がおかれ、この全国的な店を通じて三井銀行は金融業務を行っていった。

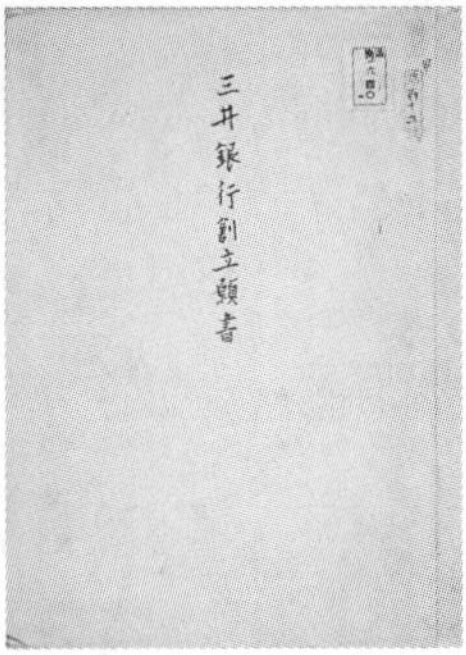
三井銀行創立願書

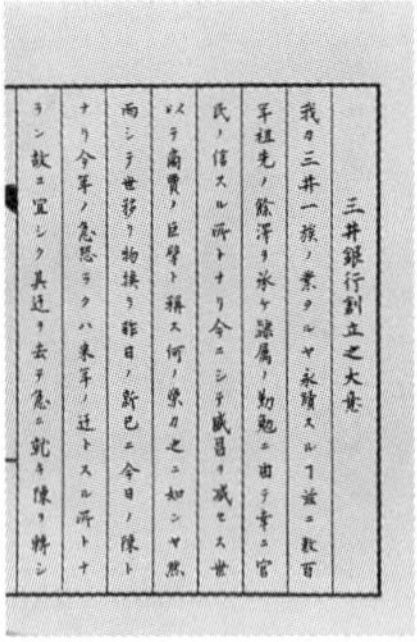
三井銀行創立之大意
我カ三井一族ノ業タルヤ永續スルヿ茲ニ數百
年祖先ノ餘澤ヲ承ケ諸属ノ勤勉ニ由テ幸ニ官
民ノ信スル所トナリ今ニシテ盛昌ヲ減セス世
以テ商賈ノ巨擘ト稱ス何ノ幸カ之ニ如ンヤ然
而シテ世移リ物換リ昨日ノ新已ニ今日ノ陳ト
ナリ今年ノ急恐ラクハ來年ノ迂トスル所トナ
ラン故ニ宜シク其迂ヲ去テ急ニ就キ陳ヲ轉シ

三井銀行創立願書　一八七六(明治九)年四月。

三野村利左衛門による三井の組織改革

一八七一（明治四）年の新貨幣の御用為替方と、為換座三井組の開設、大蔵省兌換証券と開拓使《かいたくし》兌換証券の発行によって、三井では政府の業務を営業の中心とするため、江戸時代からの組織を新しい組織へと改組していった。その最初は、呉服店の分離と東京大元方の新設であった。

一八七一年九月、大蔵卿《きょう》大久保利通《おおくぼとしみち》▲や大蔵少輔井上馨《いのうえかおる》▲は三野村利左衛門に対して、銀行開設の計画にあたって、銀行以外の商店の名前を改めるよう求めた。大蔵省は、幕末以来不振の続く三井の呉服業が新しく開かれる銀行業に悪影響をおよぼすことを問題視していた。三井にとって呉服店は、「本店」と呼ばれてきたように、三井創業以来の商売であったが、この要求を受け入れ、一八七二（明治五）年三月、呉服業の分離を行った。

三井家の三の字と越後屋《えちごや》の越の字から三越《みつこし》家という架空の家を創立し、三越家に三井家の呉服店一巻《いちまき》（一八七〇〈明治三〉年六月、本店一巻から改称）を「相続」させた。暖簾印は井桁《いげた》三の字から、丸《まる》に越《こし》の字に改められた。

明治維新後、政府の中央機関である太政官は東京へ移った。新貨幣の御用為

▼**大久保利通**　一八三〇～七八年。明治維新期の政治家。薩摩藩《はん》士《し》の長男。廃藩置県後、岩倉遣欧使節団副使として、欧米を視察し、帰国後、征韓論に反対した。内務《ないむ》卿に就任し、佐賀の乱を鎮定《ちんてい》。台湾出兵を実施し、西南《せいなん》戦争を鎮圧した。内国勧業《ないこくかんぎょう》博覧会を主宰。

▼**井上馨**　一八三五～一九一五年。明治から大正期の政治家。萩《はぎ》藩士の次男。廃藩置県後、大蔵大《たい》輔《ふ》として権限を握り、国立銀行を設置、政商《せいしょう》保護を行った。条約改正交渉にあたり、欧化政策を進めた。その後も元老《げんろう》として発言した。三井や藤田組《ふじたぐみ》などに強力な発言権をもち、西郷隆盛《さいごうたかもり》から「三井の番頭《ばんとう》さん」と呼ばれるほどであった。侯爵《こうしゃく》。

井上馨

替方を命じられた三井では、江戸時代のように「逸々《いちいち》京都江相談之上」請可をえていては「至急之取計《とりはからい》」に「差支《さしつか》」えると、一八七一年十月、東京大元方《おおもとかた》を新設することを決めた。十月二十三日、三井家同苗《どうみょう》の八郎右衛門・次郎右衛門・三郎助たちは京都を出発し、十一月十五日、東京に到着した。一八七二(明治五)年一月十一日、東京の兜町に東京大元方が新設された。三井内の反対を避けるため、西京《さいきょう》(京都)大元方を廃止する訳ではないとしたが、以後、重要な決定は東京大元方でなされることとなった。

一八七三(明治六)年四月六日、突然、三野村は今後の人事の心得を中心に述べた長文の意見書とともに辞意を表明した。意見書には、東京・大阪の「店内一統和熟」しなくてはいけないこと、「御主人方始メ重役中とも断然旧風を除くこと、「奮発尽力いたし精勤之ものハ、下男たりとも引上ゲ……因循《いんじゅん》之ものハ執事《しつじ》たりとも」暇をだすこと、同苗主人が多いため「能々《よくよく》和熟ニ御一治」しなければいけないことなど、三井内部の旧風の排除と「和熟」の必要が繰り返されていた。これを契機に三井では、三野村に三井家家政改革を委任することを決定した。四月二十三日、三井は、渋沢栄一臨席のもと、三野村へ同苗六人連名

駿河町三井組ハウスと三越呉服店(左)　1877(明治10)年ごろ。

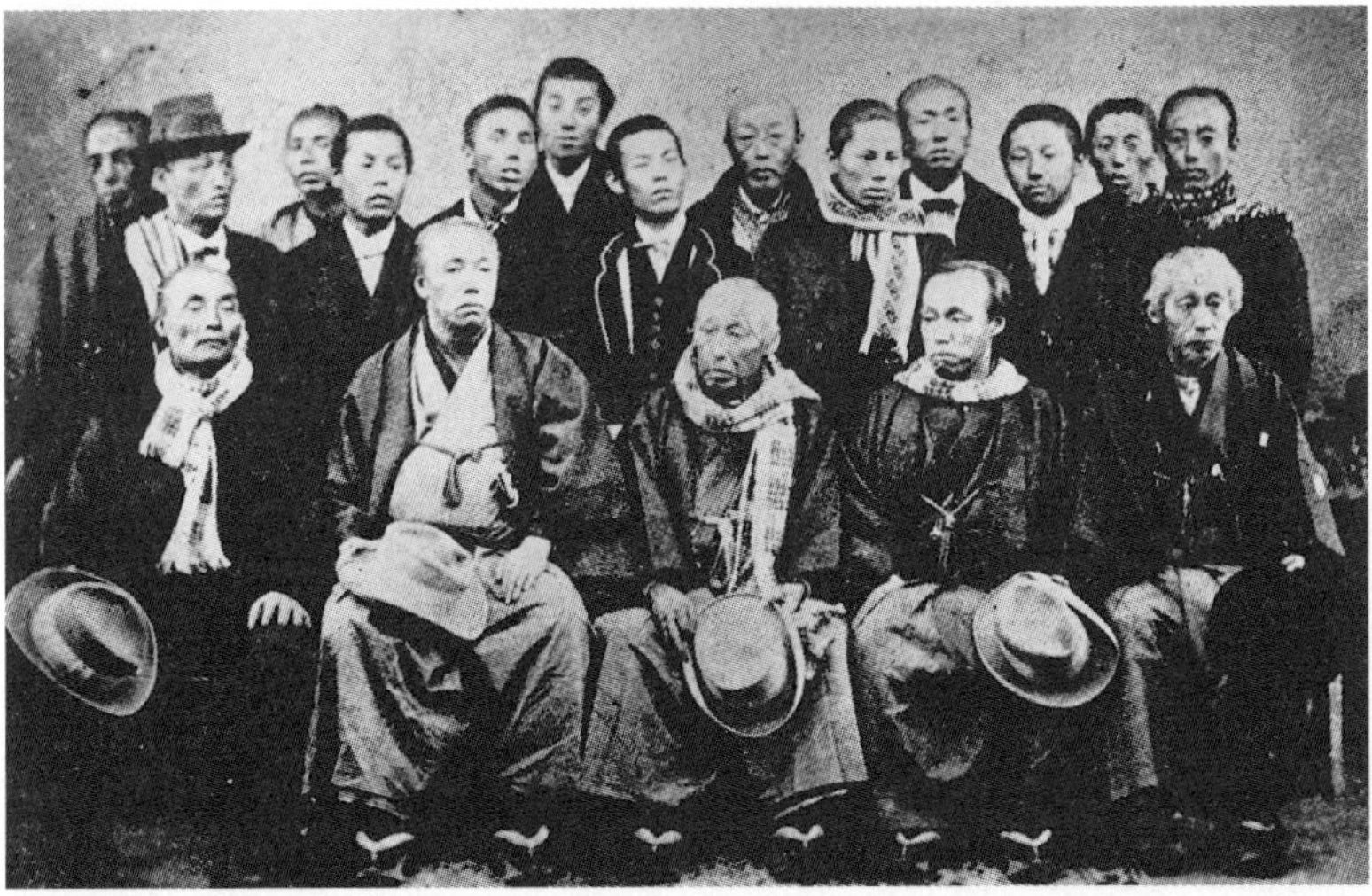

上京する三井家首脳と三野村利左衛門　1871(明治4)年秋。前列左から三野村利左衛門，三井高喜，三井高福，三井高朗，三井高潔，後列左から7人目能勢規十郎，8人目斎藤純蔵。

一八七三(明治六)**年の改革による三井組機構図**(『三井事業史』本篇第二巻による)

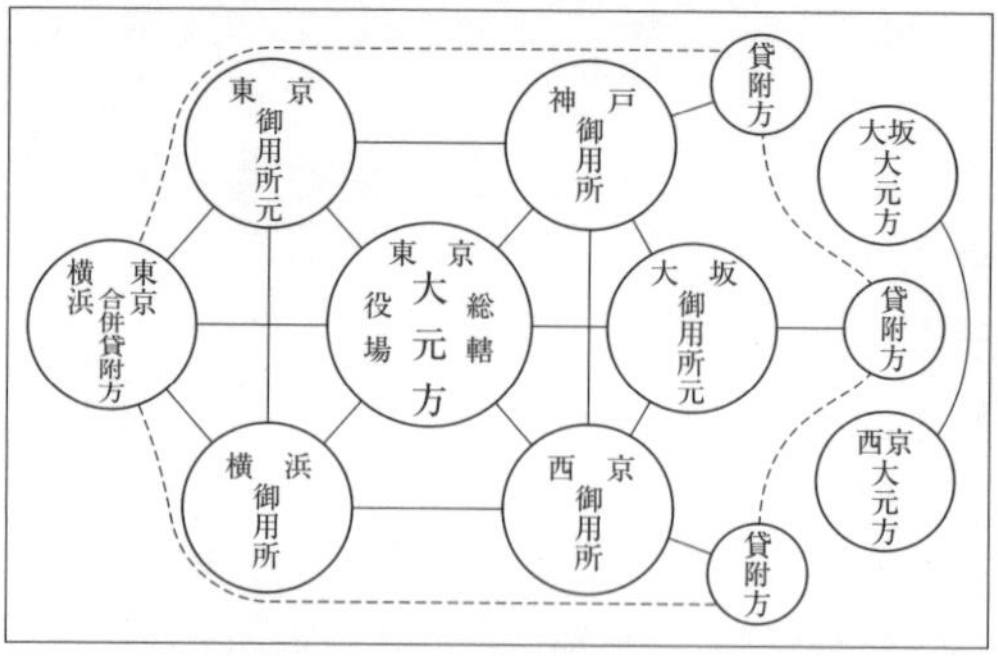

による、組織改革の全権を委ねる委任状が交付された。三井家の同苗五人と東京・西京・大阪・横浜・神戸《こうべ》・松坂《まつざか》の別宅手代には申渡しがだされ、それぞれから請書が差しだされた。こうして三井の組織改革の全権を委任された三野村は、三井八郎右衛門(高福)にかわって大元方総轄に就き、三井の組織改革と人事の刷新を進めていった。

一八七三年の三野村による三井の組織改革における重要なものの第一は、西京大元方の位置付けである。西京大元方は残されてはいたが、同年五月「東京ヲ大元方基本ト相建《あいたて》、惣《すべて》取締致シ可申候事《もうすべくそうろうこと》」(「東京大元方懸役《かけやく》配改正」)と明文化され、東京大元方が三井全体の統括機関となり、西京大元方は「東京大元方出張所」に降格した。

第二は、三井組の経理が明らかにされたことである。三野村は、一八七一年下期以降の金銭出納を明らかにした。「大元方勘定目録」の作成は、銀行業を開始するための前提として、資産と負債の状況を明らかにするためでもあった。

組織改革のなかで、もっとも重要な改革は、三井組の資財を、三井家から切り離し、三井組の所有として運用しようとしたことである。一八七四(明治

三井家首脳と渋沢栄一　前列左から永田甚七、斎藤純蔵、三井高福、渋沢栄一、三野村利左衛門、後列左から三井高朗、三井高喜。

七）年八月「大元方改正条目《じょうもく》」が定められた。「大元方改正条目」によって大元方は、「三井一家の大基礎」であり、「先祖より譲られたる身代《しんだい》を預り、之《これ》を保護する重大之役場」とされた。大元方は同苗が所有するものではなく、同苗や重役・手代は、「此《この》役場を固守する役人」であるとされた。さらに、同苗・総轄・管轄・検事をはじめとし、重役・手代ともに「一致協力」し、同苗も一五歳以上になれば、店へ「分配」し、「手代と共ニ事務を取」り、「家業ニ勉励」し、「主従同心協力」して「大元方の貨殖富強に尽力」するよう定められた。

「大元方改正条目」と同時に定められた「大元方規則」は、「三井組ノ家産ハ三井組ノ有《ゆう》ニシテ、三井氏ノ有ニ非ス、自今《じこん》其分界ヲ明《あきらか》ニシ、敢《あえ》テ私ス可《べ》カラス、主従共ニ此意ヲ領《りょう》シ、各自勉励《べんれい》シテ益金《えききん》ノ其身ニ及フヲ勉《つと》ムヘシ」（第一条）と、この理念を規定した。三野村は、三井家同苗による大元方に対する支配を排除し、三井組を三井家から独立させようとした。

一八七六（明治九）年七月一日の三井銀行の創立を契機に、同年八月、三野村は三井銀行と旧三井組大元方、三井家同苗のあいだで「盟約書」を締結させた。「盟約書」は、序文と一二条からなる、三井銀行からの借入金の償却方法、同

三野村利助

▼三野村利助　一八四三〜一九〇一年。明治期の実業家。京都の商家大文字屋《だいもんじや》の子。南《みなみ》三井家に奉公に上がり、台所下役をつとめた。明治初年に京都を訪れた三野村利左衛門に見込まれ、婿養子となり、三野村利助と改名。三井銀行創立時に監事、翌年総長代理副長となる。日本銀行創立時に理事となる。

苗名義の株数・定額金の配分などを規定したものである。「盟約書」序文は、三井組の営業は、旧幕府以来、数百年続いたといえども、「今日之声誉《せいよ》を得、今日之体裁《ていさい》を為《な》したるハ、御一新《ごいっしん》以後」である、という。小野組・島田組をはじめ、世に富豪と称せられる家はあったが、時勢の変遷のなかで破産、退転していった。三井組も一八七四年の官金抵当増額令によって「殆んと閉店ニ及ふ」ところ、「非常之勉励」によって危急をしのいだ。「旧慣ニ安ん」じていては三井銀行を維持することはできず、それゆえ改革を行うのだ、と記している(序文)。

「盟約書」のもっとも重要な点は、「三井銀行之資本ハ株主一同之物にして三井氏一族之物ニあらす、又旧三井組大元方之資財ハ三井氏一族之共有物ニ非す、又同苗中各己私有物にもあらす」(序文)という一文である。旧三井組大元方と三井家同苗は「三井銀行之株主之一部」であるとされ、「所有之株数ニ応したる発言投票を有するもの」と規定された(第一条)。さらに所有株数は、三井銀行の資本金二〇〇万円(二万株)のうち、一〇〇万円(一万株)は大元方(第二条)、五〇万円(五〇〇〇株)は三井家同苗(第三条)と規定された。残り五〇万円(五〇〇〇株)は「三井組隷属一同」(「三井銀行申合規則」)に分配された。「盟約書」は、同苗の権限を制限するものであった。

一八七六年夏ごろから、三野村は病床にあった。一八七七(明治十)年二月二十一日、三野村は五七歳で没した。胃癌であった。後継者として三野村の養嗣子三野村利助《りすけ》▲が三井銀行総長代理副長に就任した。一九一五(大正四)年、三野村はその功績により従五位《じゅごい》を贈られた。

三野村の没後、三野村の改革に対する三井家同苗の不満があらわれてきた。一八七八(明治十一)年、「盟約書」の改正が行われ、序文の三井組大元方の資財は三井氏一族の「共有物ニ非スト有之ヲ共有物ニシテテト改正」され(「盟約書之内改正箇条書」)、同苗の権限が回復された。だが改正は、三井家の三井銀行におけるすべての立場を変えることはできなかった。

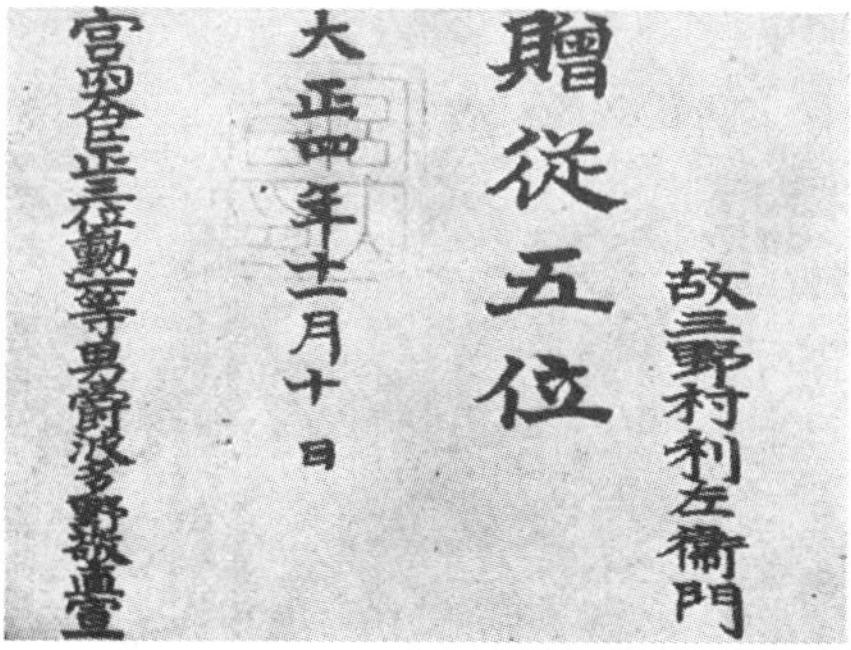

三野村利左衛門への贈位

三野村利左衛門の人柄と手腕

三野村利左衛門は、一八七三(明治六)年に辞意を表明した際、意見書において「諸御用出納ハ……、之を御本家之本業とし殊更《ことさら》大切」にすることを進言していた。ここからは三野村が三井の事業として官金取扱いを中心に考えていたことがわかる。明治初年の産業が未発達な時期に、政府こそが最大かつもっとも安全な取引先であった。政府にとっては、多額の金を取り扱うことのできる組織は限られており、広く募集をしたところで、望む人がえられるとは限らなかった。このような状況のなかで、政府の財政・金融にかかわる業務は、井上馨・渋沢栄一・大隈重信などの政府高官との個人的な結びつきによって決められていった。ここに、三野村の交渉術と社交性がいかされることとなった。

たとえば、一八七二(明治五)年五月、三井小野組合銀行の設立時に、小さな事件が起こった。元来、三井組と小野組は競争相手であり、両組の歩調の乱れを懸念した井上は、五月二十一日、三井組と小野組の手代を招集し、三井組と小野組の不和を詰問し、改善されなければ、官金取扱業務を取り上げると宣告した。驚いた三井組と小野組の手代は、五月二十二日、渋沢を相談に訪れた。三井組の最高の手代であった斎藤純蔵《さいとうじゅんぞう》は、三井組・小野組の不和は「何となく世間之噂《うわさ》ニ而《て》不和之様《よう》ニ」なっているだけで、「根本之なき事」であると釈明した。渋沢の回答に釈然としない小野組手代の西村善右衛門《にしむらぜんえもん》は、「最初、朝庭(廷)ニ御金も無」いところを、われらが「心配」して太政官札などが発行されたのだと、紙幣発行の請負人《うけおいにん》であるかのように言い放った。さすがの渋沢も「御答無」くなるなかで、三野村は、御用取扱いを「免職」されては世間に対し顔向けもできない、「何歟《なにか》不都合《ふつごう》筋《すじ》之《の》御座《ござ》候事《そうろうこと》なれハ、是々不宜《これこれよろしからず》と」おっしゃってくだされば、「思召《おぼしめし》之《の》通り」にいたします、と述べた（「日記　大元方」）。実はこの井上の宣告は、三井組と小野組に一致協力させることを目論んだ、井上の芝居であった。この脅しに、苛立ち、開きなおる小野組手代に対して、なぜ問題があるのかと疑問に思い、官金取扱業務を必要としているみずからの立場を明らかにし、不都合なことがあるならば、思召しのとおりにする、と率直に述べた三野村のほうが冷静であった。

　後年、渋沢は三野村について「学者的の議論の無い人でありましたが、大隈さんは始終あれは無学だけれども、どうも要領を得るのはあれ位要領を得る奴はない、何でも丸い斯《こ》んなものを造つて、さうして或所に統一する、茲《ここ》から斯《こ》う続く、斯う続くと云つて系統をつけるのが好きでありまし」たという（「渋沢子爵三野村利左衛門関係談話筆記」）。無学無筆であったという三野村が、非常に察しのよい、理解力のある人物であったことは、三野村に呼ばれて三井にはい

大隈重信

った益田孝も語っている。「三野村氏ト話ヲスルト大体ノ事ハ直グニ理解シテ要領ヲ得ラレルガ、細カイ事ハ一向分カラナイ、サウシテ商売ハ好キデ溜《たま》ラナイ人デ」あった(「益田男爵談話速記録　二」)。

三野村はとりわけ大隈重信との付合いが多く、「大隈さんは三野村を重く見て居」たという(「益田男爵懐旧談筆録　一」)。益田自身も三野村について「余《よ》程《ほど》技量モアリ人格モ大キク、何事ニモ余リ頓着《とんちゃく》シナイ人デ、サウシテ或ル目的ヲ貫《つらぬ》クト云フコトニハ非常ニ手腕ノアツタ人」であったと評価している(「益田男爵談話速記録　二」)。

三野村は、仕事上だけでなく、政府高官を個人的にも掌握していた。あるとき、大隈や三岡八郎、その他の維新当初の財政にかかわる人びとが木挽町《こびきちょう》辺りで「密議」をこらしていることを聞き込んだ三野村は、「魚河岸で自から新鮮の鯛を買入れ之を提げて其台所に入り込み躬《みず》から之を料理して食事時分に差出したので集会者一同大に満足して其御馳走を受けた」という逸話が残っている(「三井中興事情」)。

三野村の人心掌握は、政府高官だけではなく、三井の手代や他の人びとに対しても同様であった。三井手代の松島吉十郎によれば、三野村はなんでも「自分ガヤレル」のだが、「お前出来ナケレバ己ガ行ツテヤルガ、マアお前行ツテヤツテ見ロ」という調子で、「ソレヲヤツテ来ルト非常ニ喜」び、「人ヲ使役スルノガ上手」だったという。「社員」を集めて相撲もした。松島は「ドウシテモ三野村ニハ勝テマセヌ、強ウゴザイマシタ。……私ガ一番ヤラウト云ツテ裸躰デ出テ来ル、勢ガ宜《よ》」い「重役」であった（「松島吉十郎談話筆記」）。大隈邸をたずねても、「先《ま》ツ書生《しょせい》部屋へ這入」って、「書生ト馬鹿話ヲシテ何時迄モ遊ンデ」いる。大隈が帰ってこないときは、そのまま泊り込んだという。「何分無邪気ナ人デアルノデ、何日居テモ誰レモ別ニ咎《とが》メルコトモシナイト云フ有様デアツタ」（「益田男爵談話速記録　二」）。

明治初年の三井において断髪を行ったのも三野村だったという。三野村は「斯《こ》ウ業務ガ盛ニナツテ来テハ、迚《とて》モ朝晩鬢《びん》ヲ撫付《なでつ》ケテ居ルヤウナ事デハイケナイカラ、一同髪ヲ斬《き》ラウヂヤナイカ」と提案した。ある手代が「善《よ》イト思ツタ事ハ先ツ重役ガ一番ニシナケレバ可《よ》ナイ、貴所《きしょ》ガ一番先ニ手本トシテ御斬《おき》リナサイ」というと、三野村は「宜《よ》シ、デハ俺ガヤラウ」。それから二日ほどすぎ、

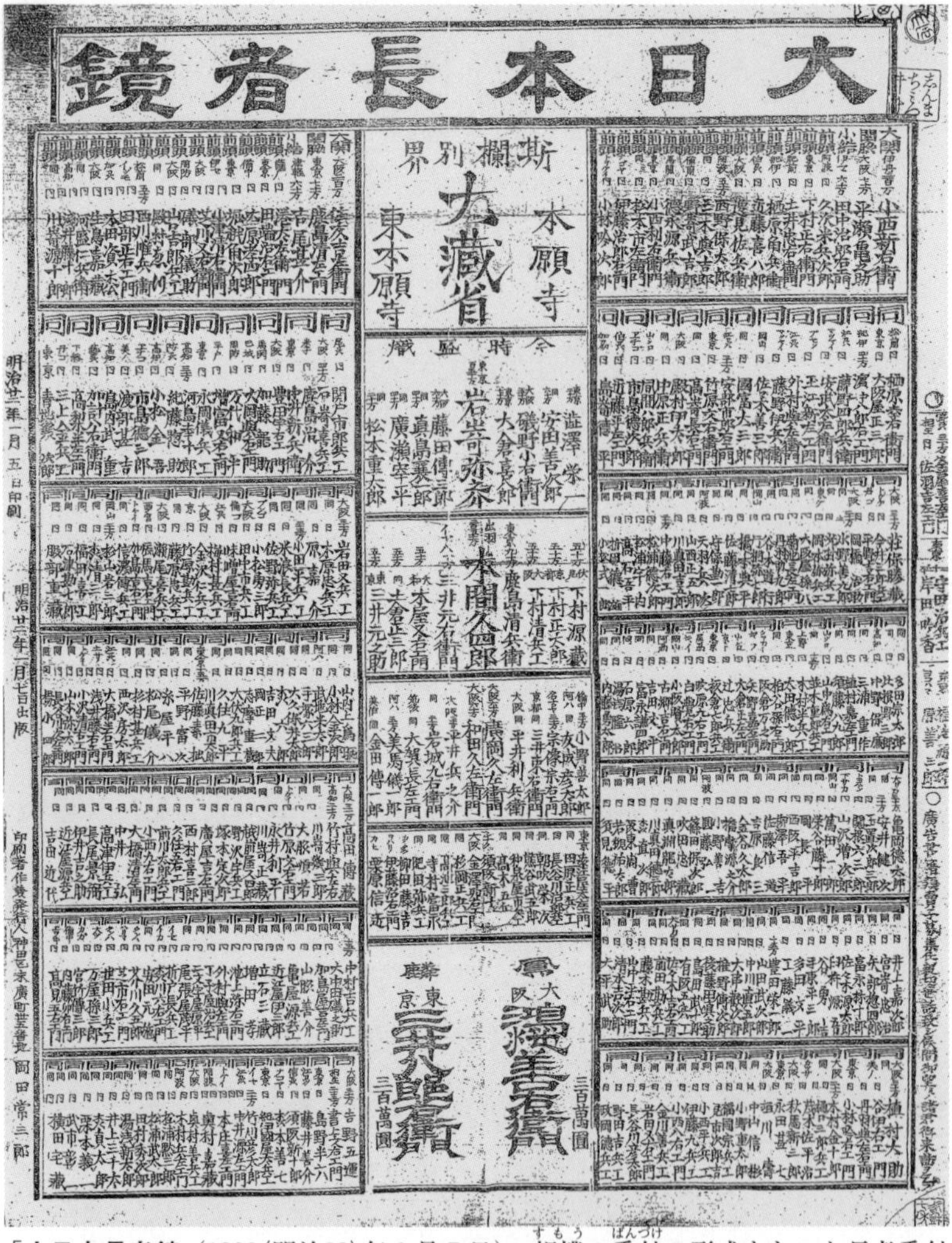

「**大日本長者鏡**」(1889〈明治22〉年１月７日)　相撲《すもう》の番付《ばんづけ》の形式をとった長者番付。中央下に東京の三井八郎右衛門《はちろうえもん》，大阪の鴻池善右衛門《こうのいけぜんえもん》。中央２段目に渋沢栄一《しぶさわえいいち》，安田善次郎《ぜんじろう》，大倉喜八郎《おおくらきはちろう》，岩崎弥之助《やのすけ》(三菱)，藤田伝三郎《でんざぶろう》，広瀬宰平《ひろせさいへい》(住友)。中央３段目左に三井元之助《もとのすけ》。中央５段目右から４人目に朝吹英二《あさぶきえいじ》。大関に住友吉左衛門《きちざえもん》。番付の人名には誤字もある。

三野村は髪を切ってきた。「アナタ御断ナスツタカ」「今日雉子橋《きじばし》へ行ツテ、大隈サンノ面前デ断ツテ来タ、サア是カラ一同断レ」。だが、なかには切りたがらない人もいた。四〇歳近い桜井徳兵衛《さくらいとくべえ》という手代は、髷屋《まげや》で仮髪《かつら》をつくる親類があり、そこで「散斬《ざんぎ》リ頭ノ仮鬘（髪）」を拵え、それをかぶって出勤していた。四、五日たったある日のこと、凧《たこ》かなにかに頭が引っかかり、仮髪が落ち、事態が露見した。三野村は桜井を呼んだ。「桜井」「ヘイ」「貴公仮鬘（髪）ヲ冠《かぶ》ツテ居ルヂヤナイカ」「ドウモ恐入リマシタ、一言モゴザイマセヌ」「取レ〳〵」「ヘイ」。そこで「兜ヲ取リ」ただちに切ってしまった（「松島吉十郎談話筆記」）。断髪は効率のよさでもあり、新しい時代を手代たちに自覚させることでもあった。

三野村は仕事の方法も変えた。「坐ルト気ニ入ラナイ、立ツテ、何カ話」をしたという。当時京都の三井では、旦那《だんな》が「御帰リ」になると「残ラズ台所ノ者ガ出テ、表カラズツト土下座」した。「履物ハ脱イデ足袋跣足《たびはだし》デ土下座」をした（「松島吉十郎談話筆記」）。履物に「畳附《たたみつき》を履くことは旦那方ニ限り、重役すら履け」なかった（「田中久右衛門翁談話筆記」）。三野村自身も「服装ハ小倉ノ袴ニ冷飯《ひやめし》草履《ぞうり》、紺《こん》足袋ヲ穿《は》キ、汚《きた》ナイ紋付ノ羽織ヲ着テ居タガ、確カ是レモ木綿デアツ

新橋駅

タト思フ粗末ナモノデ、ドウ見テモ三井ノ統領トハ見ラレナイ有様デアツタ、サウ云フ風デ始終大隈侯其他貴顕《きけん》紳士ノ邸宅ニ出入シテ居ツタ」という(「益田男爵談話速記録 二」)。旦那への立ち居振舞いや、制限された服装は、三井のなかの身分関係を示すものであった。立仕事は、仕事の能率だけでなく、三井のなかの古い慣習からの脱却でもあった。改革を進める一方で、三野村は「旦那ニ向ツテ不敬ナ事ヲシテハナラヌ」、「礼ハ守ラヌケレバ(ママ)ナラヌ」と注意してもいた(「松島吉十郎談話筆記」)。

三野村自身も多くの苦労をしていた。文字を知らない三野村が、一八七二年の新橋《しんばし》―横浜《よこはま》間の鉄道開通式で、天皇の前で東京市民総代として祝文を読むことになった。式典の二、三日前の夕刻、三野村は松島を社の隅へ呼び、袂《たもと》から書いた物をだして「お前チヨツト之ヲ読メ」という。二、三度読ませると、「モウ宜《よ》イ」といって、いってしまった。式典当日、三野村は天皇の前へでて、「祝文ヲ手ニシテ大キナ声デ読」んだ。夕刻、社へ帰ってきた三野村は「御前ニ出タ時、真暗ニナツテシマツタ、辺リガ暗クテ分ラナカツタ」といいながら、「祝文ノ文字ナドハ読ミハシナイ……ソレハサ、弁慶ヲヤツタ、安宅《あたか》ヲヤツタンダヨ」と

日本で最初の鉄道開業式—ミカドの到着 Illustrated London News 一八七二(明治五)年十二月五日号。

いったという(「松島吉十郎談話筆記」)。

三野村が三井において行った改革は、最終的には三井家にとって、厳しい改革となった。しかし、この改革によってこそ、三井は以後の経済界における確乎たる地位と発展の基礎を築くことができた。これらの改革を、三野村は、三井家同苗のなかの理解者、三野村を支持する手代、政府高官たちに支えられながら、みずからの本質をみぬく洞察力、企画力、社交性、統率力によって、推し進めていったのであった。

幕府遣欧使節　一八六四(元治元)年。

▼タウンゼント＝ハリス　一八〇四～七八年(在日一八五六～六二年)。アメリカのニューヨークの商人・教育者。ピアース大統領(民主党)へ懇請し、初代駐日総領事に任命され、日米修好通商条約に調印し、公使に昇格する。遣米使節を送りだす。

③—益田孝と三井物産会社の創立

一八七六(明治九)年四月ごろ、三野村利左衛門が三井で商業を担当するようしきりに説得している人物がいた。この人物こそ三井物産会社総轄となる益田孝であった。

益田孝と先収会社

益田は、一八四八(嘉永《かえい》元)年十月十七日、佐渡国雑太《さどのくにさわた》郡相川《あいかわ》町(現、佐渡市)に佐渡奉行《ぶぎょう》支配目付役《めつけやく》益田孝義《たかよし》の長男として生まれた。幼名は徳之進《とくのしん》といい、一八五四(安政《あんせい》元)年に、父孝義が箱館《はこだて》奉行支配調役下役《しらべやくしたやく》となったため、一家で箱館に渡り、五九(同六)年に父が江戸詰《えどづめ》になると江戸に移った。このころ徳之進は、漢学《かんがく》を学び、麻布善福寺《あざぶぜんぷくじ》のアメリカ公使館で英語を学んだ。一八六一(文久《ぶんきゅう》元)年に一四歳で元服《げんぷく》し、外国方通弁御用《がいこくかたつうべんごよう》を命じられ、宿寺詰《しゅくじづめ》として初代アメリカ駐日総領事《そうりょうじ》タウンゼント＝ハリス▲のもとでアメリカ公使館に勤務した。徳之進の仕事は、外国の軍艦や商船が羽田沖《はねだおき》へくると、品川《しながわ》から小船に乗って船にいき、尋問し、「向うの言うことの中に一つ二つわかることがある

益田孝義（父、左）**と益田徳之進**（孝、右）　一八六四（元治元）年、パリで撮影。

益田孝　「明治三、四年頃、横浜時代ノ中屋徳兵衛」とある。

益田孝義（鷹之助）　孝の父。一八六四（元治元）年、パリで撮影。

益田徳之進（孝）　一八六四（元治元）年、パリで撮影。

永井繁子（益田孝妹）　一八七一（明治四）年、女子留学生として津田梅子らと渡米。

大阪造幣寮

と、それで考えて、どうもこういうことらしいですと言う」、「実に危い」子どもの通訳であった（『自叙益田孝翁伝』）。一八六三（文久三）年に幕府《ばくふ》が、横浜鎖港《よこはまさこう》の談判のための使節として池田長発《いけだながおき》をヨーロッパに派遣することを決めると、父孝義は会計役として随行することになった。当時親子で外国へいくことはできなかったため、徳之進は父の従者という名目で、益田進と改名し遣欧使節団《けんおうしせつだん》に随行した。フランスでは談判は拒絶されたものの、一行はナポレオン三世に歓待され、演習にも参列したという。帰国後、益田孝は幕府の騎兵隊《きへいたい》に志願し、騎兵差図役《さしずやく》をへて騎兵頭《がしら》となり、明治維新《いしん》の際には幕府の騎兵隊を率いていた。

倒幕《とうばく》後、益田は横浜で、通訳や中屋徳兵衛《なかやとくべえ》の名で茶や海産物の売込商として働いた。一八七〇（明治三）年、ウォルシュ・ホール商会にクラーク（事務員）として一年ほどつとめ、ラングーン米やサイゴン米の輸入に携わり、このとき、米の商売や外国からの直輸入の手続きなど、貿易の実務を学んだ。

一八七一（明治四）年、益田は岡田平蔵《おかだへいぞう》から日本の古金銀を買い集め、分析して造幣寮《ぞうへいりょう》へ地金を売る、古金銀分析所の仕事を依頼された。益田は大阪へいき、これを手伝っていたが、あるとき、岡田から井上馨《いのうえかおる》を紹介された。井上の勧めで益田は一八七二(明治五)年三月大蔵省《おおくらしょう》に出仕し、同年四月に造幣権頭《ごんのかみ》となり、ふたたび大阪へいった。だが一八七三(明治六)年五月に井上が大蔵大輔《たいふ》を辞職すると、益田も追って辞職した。

大蔵大輔を退いた井上は、岡田とともに「岡田組」の設立を計画した。一八七四(明治七)年一月一日、総裁井上・社長岡田・東京店頭取益田・横浜店担当馬《ま》越恭平《ごしきょうへい》▲、資本金一五万円で、本店(東京)と支店(大阪・神戸《こうべ》・横浜)を設置し開業した。しかし岡田が急死したため、岡田組は解散し、一八七四年三月一日、銀座《ぎんざ》四丁目に本社を移し、あらたに千歳社《せんしゅうしゃ》(のち千秋社《せんしゅうしゃ》)を開業し、先収会社《せんしゅうがいしゃ》と改称した。

先収会社は、銅・石炭・紙・茶・蠟《ろう》などさまざまな商品の売買を行ったが、なかでも米穀取引が重要な業務であった。一八七三年七月、地租改正《ちそかいせい》▲に関する一連の法令が布告されると、江戸時代の年貢《ねんぐ》にかわり地租が設定され、納税方法は米納から金納に変わった。そのため、農民は米を売却しなければならなくなったが、運輸機関も金融機関も整備されてはいなかった。先収会社は、農民から米を買い、船で輸送して売却した。海上保険のない時期に、米の輸送は危

馬越恭平

▼**馬越恭平**　一八四四〜一九三三年。明治から昭和前期の実業家。備中《びっちゅう》国の医者の次男。先収会社の創立に参加。西南戦争時に官軍《かんぐん》糧食供給をつとめ、三井物産に巨利をもたらした。三井退職後、大日本麦酒《ビール》株式会社社長に就任し、「ビール王」と呼ばれた。

▼**地租改正**　明治初年の土地制度・租税《そぜい》制度の改革。明治政府は、土地所有権を認め、土地所有者から地租を徴収した。政府の税収は安定したが、土地を売却し小作人《こさくにん》へ没落する者があらわれた。

険をともなったが、益田によれば「ずいぶん儲かった」という(『自叙益田孝翁伝』)。先収会社は陸軍省御用《ごよう》も引き受け、絨《じゅう》・毛布・武器・米袋などの輸入を行った。一八七四年の台湾出兵の際には、陸軍省へロンドンから輸入したアームストロング砲を売り込んだり、「遠近ヲ論セス」御用先へ出張したいと、積極的に御用引受けを出願していた(「処蕃《しょばん》始末」第六二冊・第六四冊)。

一八七五(明治八)年一月の大阪会議▲の結果、井上が政府へ復帰することが決まると、先収会社は閉社することになった。しかし、尾去沢《おさりざわ》事件▲が起こり井上の政府復帰が困難になると、先収会社の閉社も中止となった。だが一八七五年十二月、井上が元老院議官《げんろういんぎかん》に任命され、特命《とくめい》副全権弁理《べんり》大臣として朝鮮に派遣され、七六年三月に帰国すると、四月には欧米の視察の出張を命じられた。三野村が、益田に三井へはいるよう説得していたのはこのころであった。益田は、三井は「旧家之事故《きゅうかのことゆえ》、譜代《ふだい》の家臣《かしん》も多く、新ニ他人ノ吻《くちばし》ヲ容《い》ルモとても奏功の見当」もないだろうと、すぐには承諾しなかった(「備忘録」)。三野村は、自分の希望を大隈重信《おおくましげのぶ》に話し、大隈から井上へと話が伝えられた。再三の説得により、四月十九日益田は三井へいき、五月一日、井上邸において井上・三野村・益田

▼大阪会議　一八七五(明治八)年一月から二月に、大久保利通《おおくぼとしみち》・木戸孝允《きどたかよし》・板垣退助《いたがきたいすけ》が大阪で政府の体制を議した会議。征韓論問題をめぐり西郷隆盛《さいごうたかもり》・板垣らが下野《げや》し、台湾出兵に反対した木戸も下野したため、伊藤博文と井上馨の仲介により会議が開かれた。漸次《ぜんじ》立憲政体樹立《りっけんせいたいじゅりつ》の詔《みことのり》が発せられ、木戸・板垣は参議《さんぎ》に復帰し、右《う》院・左《さ》院の廃止、元老院・大審院《だいしんいん》の設置、地方官《ちほうかん》会議の開設などが実現した。

▼尾去沢事件　尾去沢鉱山(秋田県)は江戸時代に開発された。明治以降、南部《なんぶ》藩は盛岡《もりおか》商人の鍵《かぎ》屋茂兵衛《やもへえ》に鉱山を請け負わせていたが、南部藩は借入金のため、便宜上借主を茂兵衛としていた。一八七一(明治四)年に大蔵省が債務者茂兵衛から尾去沢鉱山を没収し、岡田平蔵に払い下げたため事件となった。

三井養之助（高明）　一八五六（安政三）年三月二十二日～一九二一（大正十）年八月八日。連家の本村町家初代。

三井武之助（高尚）　一八五五（安政二）年六月十日～一九一四（大正三）年十二月七日。連家の五丁目家初代。

が会談し、先収会社を引き継ぐ会社の創立条件が話しあわれた。この新しい会社は「従来ノ三井組トハ全ク身代ヲ異ニスルモノ」であること。会社設立の目的は「他ノ依頼ヲ受ケ、海内海外ヲ論セス、諸商品ヲ売捌キ、及ヒ買収シテ手数料ヲ得」る会社であること。益田を「会社の惣括」とし、任期は三年とすること。先収会社の陸軍省第五局第二課御用の絨・毛布の取扱いを新しい会社が先収会社から買い入れ、引き受けることとし、六月十四日、井上邸で約定が調印された（「備忘録」）。六月二十三日、三井物産会社（以下、三井物産と記す）の創立願書が東京府に提出され、七月一日、三井物産は三井銀行と同日に、社主三井養之《ようの》助《すけ》（高明《たかあきら》）・武之助《たけのすけ》（高尚《たかひさ》）、総轄《そうかつ》益田孝で開業した。一八七七（明治十）年六月、三井家は益田に対して、改めて三井物産の経営を全面的に委託した。

一八七六年七月、三井物産社主と三井家の同苗《どうみょう》一一人とのあいだで「約定書」が締結された。約定書の主旨は、三井銀行と三井物産を「判然区画ヲ別チ、独立永続セシメントス」ることによって、三井銀行が万一閉鎖した場合、三井物産に損害がおよばないようにし、また三井物産によって三井家一族の生計の目途を立て、三井物産が破綻した場合、三井銀行に損害がおよばないようにすることにあった。

ところで三井組には、一八七四年八月に国内物産の取扱いを目的として設置された「三井組国産方《こくさんかた》」があった。国産方は、江戸時代から三井が取り扱ってきた伊豆《いず》七島《しちとう》産物の委託販売を行う「島方《しまかた》」や、新橋《しんばし》―横浜間の鉄道荷物の取扱いを行う「荷物方《にもつかた》」を受け継ぎ、糸店・横浜売込店も吸収して設立された。国産方は、全国に散在する三井組の支店・出張店をとおして荷為替《かわせ》金融を行い、国内物産の流通を取り扱った。

とくに米穀の取扱いについて、政府は当初、米穀の海外輸出を禁止していたが、一八七一年八月、大蔵省は米価が下落しては大蔵省の損失になると懸念し、米穀を輸出することによって価格を調整することを太政官に上申した。米穀の海外輸出は許可され、七二年一月以降、米穀輸出が開始された。だが一八七四年に佐賀の乱▲や台湾出兵▲が起きると、米穀の海外輸出はふたたび禁止された。しかし一八七五年にふたたび米価が下落しはじめると、四月一日以降の米穀輸出の再開が許可された。一八七六年一月、三井組では、正米《しょうまい》取引所の設立を出願し、二月には国産方に米穀掛《がかり》を新設した。

▼佐賀の乱　一八七四(明治七)年、征韓党と憂国《ゆうこく》党によって起こされた士族《しぞく》の反乱。直前まで参議であった江藤新平《えとうしんぺい》が首領《しゅりょう》にかつがれた。新政府の危機感は大きく、大久保利通は三鎮台《ちんだい》を出動し平定した。首謀者一一人は斬首、江藤と島義勇《しまよしたけ》は梟首《きょうしゅ》という厳しいものであった。

▼台湾出兵　一八七四(明治七)年、日本が台湾に出兵した事件。一八七一(明治四)年に琉球《りゅうきゅう》藩民が台湾住民によって殺害されると、清国は副島種臣《そえじまたねおみ》に、蛮地《ばんち》は「化外《けがい》の民《たみ》」と言明したため、政府は士族の不満をそらすため、台湾出兵を決定した。

三井物産は、外国貿易の実績をもつ先収会社を吸収して創立し、一八七六年十一月十五日、三井組国産方を合併して、事業を拡充していった。

三池炭の輸出と支店の開設

一八七七(明治十)年から七九(同十二)年までの三井物産の主たる収益は、米穀取扱いであった。一八七七年の米方の収益金は一一万六〇九四円で、純益金の五八%を占めていた。そのほとんどは大蔵省による海外輸出米と、陸軍への西南《せいなん》戦争▲の糧米《りょうまい》としての売却であった。

三井物産のもう一つの大きな収入源は、三池炭《みいけたん》の販売であった。三池炭販売について、当時の工部卿《こうぶきょう》伊藤博文《いとうひろぶみ》は、「直《(値)》段を安くして元値で売れ、商人に儲けを取らせ」という方針で、三井物産にまかせることにした(「益田男爵懐旧談筆録　一」)。

三池炭礦《たんこう》は、一四六九(文明《ぶんめい》元)年に発見されたと伝えられ、江戸時代には三池藩と柳川《やながわ》藩によって経営されていた。一八七一(明治四)年の廃藩置県《はいはんちけん》後、士《し》族授産《ぞくじゅさん》のため払い下げられたが、七三(同六)年六月、工部省に官収された。明

▼**西南戦争**　一八七七(明治十)年、鹿児島の私学校《しがっこう》生徒を中心に九州の不平《ふへい》士族が、西郷隆盛を擁して起こした最後の士族の反乱。反乱を制圧した政府は、国内の軍事的な脅威がなくなった。

治初年の三池炭礦の出炭量は少なく、販路はおもに国内であった。政府は、三池炭を海外で販売し、正貨を獲得することを計画し、その取扱いを三井物産に委託しようとした。一八七六(明治九)年六月十五日、益田は三池炭の海外輸出の委託を鉱山寮《こうざん》へ出願し、七月十二日には三池炭礦視察に出発した。視察後、益田は「炭質を検査したが悪くハない、油つよくてねばりがある。それで晩に混爐(焜)に入れて焚いた、全部燃焼した、団扇《うちわ》で風をやつてヅラフトをよくすれば完全燃焼した、そこで安心した」と述べている(「益田男爵懐旧談筆録　一」)。

一八七六年九月十六日、三井物産は工部省鉱山寮と「三池石炭売捌《うりさばき》約定書」を締結した。鉱山寮は三池炭礦の石炭売捌方の一切を三井物産へ委任し、三井物産は取扱手数料として販売総額の二・五%をえることとされた。

ところで一八七六年、清国《しんこく》政府は日本政府へ一〇〇〇万円の借款《しゃっかん》を要請してきた。結局、清国借款は清国政府からの破約によって実現しなかった。しかし三井物産は、これを機に上海《シャンハイ》支店開設を計画し、招商局、滙豊銀行(香港《ホンコン》上海銀行)などと交渉を進め、一八七七年十二月、上海支店を開設した。

上海支店のおもな取扱商品は、石炭・米穀・銅・海産物などであったが、と

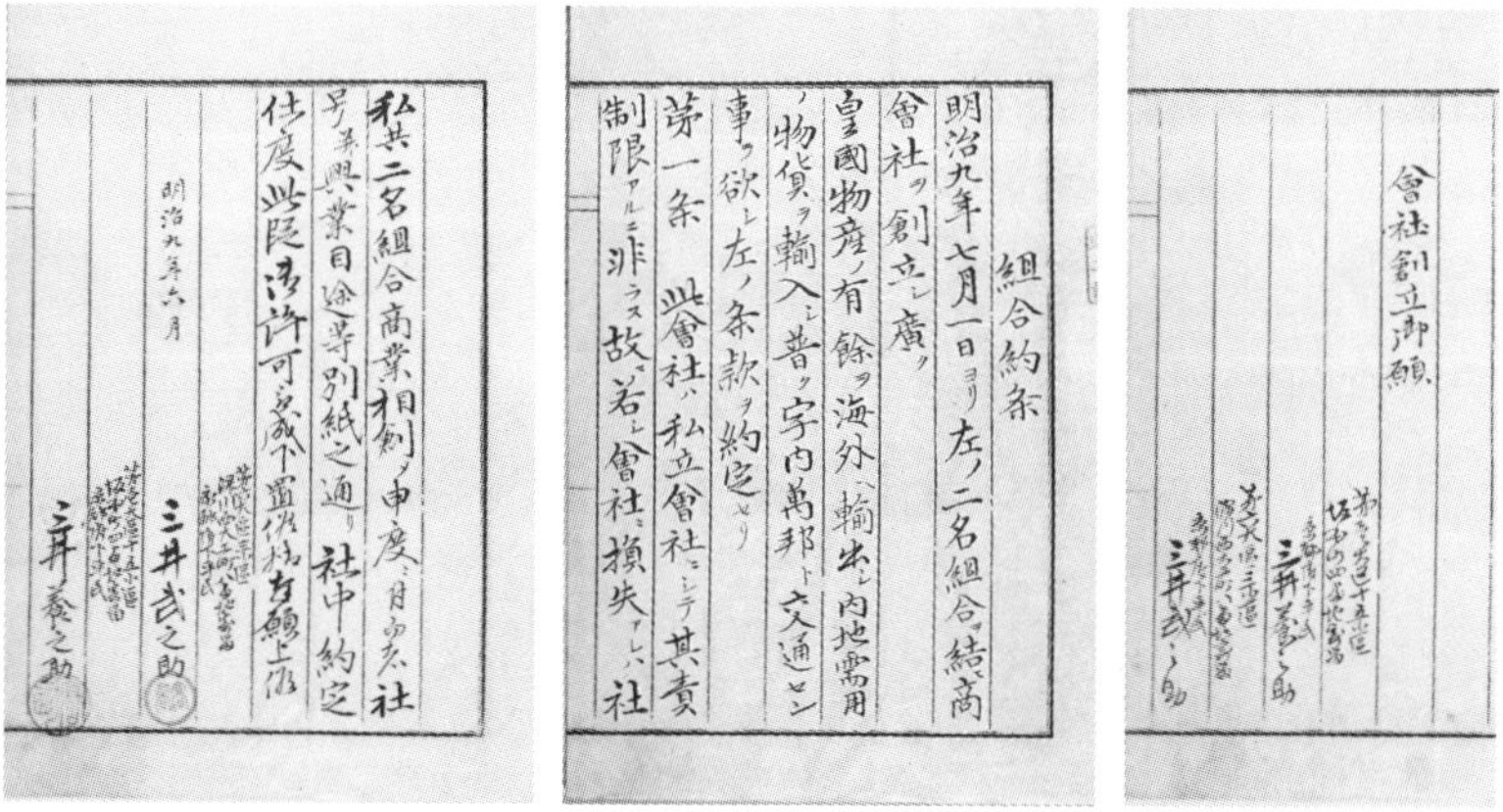

三井物産会社の会社創立御願　1876(明治９)年６月。

三井物産会社上海支店

三井物産会社の商標　左は綿布，右は生糸。

秀吉丸

くに三池炭は重要な商品であった。当時、日本国内の石炭需要は少なかった。そのため益田は、一八七八(明治十一)年四月、政府へ三池炭の清国への輸出に関する願書を提出した。益田は、清国における石炭産業の開発を懸念し、三池炭は「産出モ巨額」で「開採ノ費用モ低廉」であり、三池炭の清国への輸送販売を三井物産へ委任してくれれば、「精念勉力」して「一層低価競売」をするとの決意を示し、「運送船ノ供給」がなくては十分な輸出ができないと、「船舶購取ノ費」の「拝借」を求めた(「三池石炭ヲ清国へ販売ノ儀ニ付願書」)。

工部省は一八七九年一月、さきの三池炭一手販売契約にかわる「命令条目《じょうもく》」を交付した。この命令条目により三井物産は、一〇カ年間、官営三池炭礦から産出される三池炭について、一部の地売りを除いて海外輸出および販売を委任された。三井物産の販売手数料は取扱い総額の二・五%とされ、海外における販売で利益が生じた場合は、その半額を手数料のほかに三井物産がえられることになった。さらに海外輸出のための石炭運搬船は、工部省付属の船舶か工部省雇船に限り、開港場ではない口《くち》ノ津《つ》港から直輸出することが認可された。

当時、三池炭は、大牟《おおむ》田川《たがわ》を使って横須浜《よこすはま》・大牟田浜へ送られ、艀《はしけ》に積みかえ口ノ津や島原《しまばら》へ運ばれた。運搬経路は複雑であり、当時、日本の海運業は三《みつ》菱《びし》によって独占されていた。そこで、三井物産では、一八七八年、工部省所属の千早丸《ちはやまる》を三池炭輸出用として借り、船舶購入資金として一二万五〇〇〇円を借り入れた。さらに、イギリスから汽船秀吉丸《ひでよしまる》を購入し、一八八〇(明治十三)年には頼朝丸《よりともまる》を購入した。益田によれば、「船舶買入ノ資金ハ物産会社ニハ無」く、「三井銀行モ貸シテ呉レナ」かった。「物産会社ハ資本トシテハ一文モ渡サレナイ、人ノ褌《ふんどし》デ相撲《すもう》ヲ取ラウト云フ組織デアルカラ」、船の購入にも「一文モ無イ訳デ、非常ニ苦シンダ」という(「益田男爵談話速記録 二」)。三池炭の出炭量は、一八七七年の五万四五〇〇トンから八四(明治十七)年には二一万トン、八七(同二十)年は三二万八〇〇〇トンへと急激に増大し、秀吉丸・頼朝丸によって海外へ輸出された。

内務《ないむ》省を中心に政府は、輸出振興政策の担い手として三井物産を位置づけていた。一八七七年二月、松方正義《まつかたまさよし》▲と前田正名《まえだまさな》▲は三井物産に、パリ万国博覧会出品物の調達や輸送を命じ、パリ万国博覧会での出店を命じた。同年六月、益田は大蔵卿大隈重信へ宛て、出品物の輸出は「試売ト売弘(広)メ」をかねており、時に

▼**松方正義** 一八三五～一九二四年。明治から大正期の政治家。薩摩藩士《さつまはんし》の四男。日田《ひた》県知事をへて、租税頭となり、地租改正事業に尽力した。明治十四年の政変ののち、大蔵卿に就任し、紙幣整理と増税を推進し、日本銀行を設立し、兌換《だかん》銀行券を発行した。二回組閣し、元老《げんろう》として発言した。公《こう》爵《しゃく》。

▼**前田正名** 一八五〇～一九二一年。明治期の経済官僚。鹿児島藩漢方医《かんぽうい》の六男。一八六九(明治二)年フランスへ留学。大久保利通内務卿にパリ万国博覧会参加を説く。農商務・大蔵大書記官をつとめ、『興業意見《こうぎょういけん》』編纂を構想するが、松方正義の反対により内容を大幅に改変し『第一回興業意見』として配布。男爵《だんしゃく》。

よっては「原価ヨリモ廉《れん》ニ売捌」くこともあり、遠方への航海輸送による毀損《きそん》もあり、これらを通常の利子付きの資金で行えば損失も生じ、この損失を三井物産だけで償うことはできない、と政府の保護を求め、一八七八年一月、三井物産のパリ支店が開設された。

三井物産は、一八七七年にロバート＝W・アルウィン▲をロンドンにおけるエージェントとして渡英させていたが、アルウィンは七九年に日本へ戻ってきた。松方正義は三井物産にロンドン支店開設を勧め、三井物産はアルウィンの代理店を引き継ぎ、ロンドン支店として開設した。

さらに三井物産では、ニューヨークに派遣されていた福島県二本松《にほんまつ》製糸会社の社員を代理人とし、その後、ニューヨークに滞在していた山尾庸三《やまおようぞう》▲を三井物産社員に採用し、出張員として海外荷為替取扱いを行わせ、一八八〇年にニューヨーク支店に昇格させた。しかし海外支店の維持はむずかしく、ロンドン支店以外はやがて閉鎖されていった。

一八七六年九月十五日、内務省勧商《かんしょう》局は三井物産に対して「内外物価之通信ハ貿易上不可欠」であると、国内は、大阪・神戸・兵庫・馬関《ばかん》・長崎・横浜・

▼ロバート＝W・アルウィン　一八四四〜一九二五(在日一八六六〜一九二五)年。アメリカ人実業家。太平洋郵便汽船会社の駐在員として来日し、ウォルシュ・ホール商会に勤務し、益田孝と出会う。井上馨と親交があった。一時帰国し、ハワイ国駐日代理公使兼総領事として再来日し、ハワイの砂糖農場への日本人移民を送出する。

▼山尾庸三　一八三七〜一九一七年。明治期の官僚。萩《はぎ》藩士の次男。一八六一(文久元)年の遺欧使節に随行。その後、イギリス人商人グラバーの助力をえて、伊藤博文や井上馨らとともにイギリスに渡り産業や文化を視察した。帰国後、工部卿に就任。宮中顧問《きゅうちゅうこもん》官《かん》・法制局長官などを歴任。子爵《ししゃく》。

中外物價新報

『中外物価新報』創刊号（一八七六〈明治九〉年十二月二日付）

石《いし》ノ巻《まき》・青森・福島・函館《はこだて》・高崎《たかさき》・上田《うえだ》・静岡・秋田・四日市《よっかいち》・盛岡《もりおか》・徳島・新潟について、海外は倫敦《ロンドン》・甲谷他《カルカッタ》・上海・香港《ホンコン》・紐育《ニューヨーク》・桑港《サンフランシスコ》・厦門《アモイ》・安《アン》南《ナン》・新嘉坡《シンガポール》・濠州・里昂《リヨン》について、物価や商況の情報を集め、週刊で新聞に掲載するよう通達した。益田は、三井物産の支店・出張店を通じて、各地の物価や商況を集め、経済新聞を発行することとし、紙名を『中外物価新報《ちゅうがいぶっかしんぽう》』とした。三井物産内に新報局を設置し、一八七六年十二月二日から発行を開始した。益田自身も「変名デ社説ヲ載セ」、渋沢《しぶさわ》の「肯綮《こうけい》」をえたこともあるという（「益田孝談話筆記」）。その後、『中外物価新報』は、『中外商業新報』（一八八九〈明治二十二〉年一月）、『日本産業経済』（一九四二〈昭和十七〉年十月）と名称を変更し、現在の『日本経済新聞』の基礎となった。

三池炭礦事務所職員

④—益田孝と三井物産会社の発展

三池炭礦の払下げ

益田孝の三井における大きな業績として、三池炭礦《みいけたんこう》の払下げを受けたこと、三井物産の事業拡大、三井合名会社の設立があげられる。

一八八八(明治二十一)年四月十九日、三井物産が創業から販売を取り扱ってきた官営三池炭礦が民間に払い下げられることとなった。明治初年から、政府は近代工業の導入のため、軍事工業、鉄道、郵便・電信、鉱山《こうざん》などを官営事業として行い、造船・紡績・製糸などの官営模範工場を設立した。一八八〇(明治十三)年の「工場払下げ概則」以降、これらの官営工場を払い下げ、民間にまかせるよう方針を転換した。政府は、おもに営業成績がよくない官営事業を払下げの対象とし、一八八四(明治十七)年以降、工部省《こうぶしょう》所管の鉱山・炭鉱《たんこう》・造船所や、内務《ないむ》省管轄下の紡績・醸造・製糖工場の払下げが本格的に進められた。そのなかで、三池炭礦は、営業成績がよかったこと、三池炭の輸出が正貨獲得の基盤となっていたことから、官営が継続されていた。一八八五(明治十八)年の内閣制の実施にともない工部省が廃止され、三池炭礦は大蔵省の所管となっていた。

益田によれば、三池炭礦払下げの背景には、政府内の勢力争いがあるという。一八八八年二月、第一次伊藤博文《いとうひろぶみ》内閣は「改進党《かいしんとう》ニ政府ノ味方ヲサセヤウ」と外務大臣に大隈重信《おおくましげのぶ》を入閣させ、財政整理のための官有物《かんゆうぶつ》払下げの一環として、三池炭礦を払い下げることにした。しかし益田によれば、実は「長州《ちょうしゅう》ノ米櫃《こめびつ》ヲ打壊《うちこ》ハシ、他方ニ於《おい》テ三井ヲ倒サウト云《い》フノガ目的」であったという（「益田男爵談話速記録　三」）。当時、井上馨《いのうえかおる》は自他ともに三井の後ろ盾とみなされており、三井の主たる収入源は三池炭の一手販売にあった。そこで、三池炭の一手販売を三井から取り上げれば、長州閥《ばつ》の井上の政治勢力をそぐことができる、と考えられた。

一八八八年四月十三日に三池炭礦払下げが閣議に提出されると、四月十六日付で、当時司法《しほう》大臣をつとめていた山田顕義《やまだあきよし》▲（長州出身）は、払下げについて「御裁可ナキコトヲ希望」する意見書を提出した。山田によれば、「現今政府ニ於テ経営スル諸工業中、最モ利益ノ多」い、「永遠ニ利純ヲ予期」される炭礦を払い

▼**山田顕義**　一八四四～九二年。幕末の志士《しし》、明治期の政治家。萩《はぎ》藩士《はんし》の長男。岩倉遣欧使節団《いわくらけんおうしせつだん》に随行し欧米を視察。司法卿となり、第一次伊藤内閣で司法大臣に就任。民法・商法・民事訴訟法などの制定に尽力。日本法律学校（のちの日本大学《にほんだいがく》）、国学院《こくがくいん》の設立に貢献する。伯爵《はくしゃく》。村田清風《むらたせいふう》は大伯父。

西邑虎四郎

▼**西邑虎四郎**　一八三〇〜九八年。明治期の三井銀行幹部。京都の漢方医《かんぽうい》の次男。南《みなみ》三井家に奉公《ほうこう》に上がり台所役となった。三井銀行が設立されると監事《かんじ》となる。一八八二(明治十五)年、総長代理副長となり三井銀行の実質的な責任者となる。一八九三(明治二十六)年に三井銀行理事となる。

下げることは、「政府ノ不利益」であり、もし民間事業に委ねるのならば「総テノ官業ヲ廃止」すべきであり、「生野《いくの》ノ銀山《ぎんざん》モ、佐渡《さど》ノ金礦《きんこう》モ其他《そのた》政府直轄工業モ悉《ことごと》ク」払い下げるべきであると述べた(「公文別録　大蔵省」第一巻)。山田の意見書からは、三池炭礦払下げが、営業成績不振の官業を払い下げるという政府の方針とも異なって進められていたことがうかがわれる。

大蔵省は、一八八八年四月二十一日、三池炭礦の払下げについて、希望者は規則と実地を熟覧のうえ、同年七月三十日までに大蔵省会計局へ入札するよう告示した。「三池礦山払下規則」によれば、入札は八月一日午前十時に開封され(第四条)、「入札金額最高ナル者」へ「払下ヲ許可」し(第六条)、払下げを許可された場合は「十日以内ニ証拠金トシテ金弐拾万円ヲ納付」し、「第一回年賦金八拾万円ハ本年十二月十五日納付」し、残金は一八八九(明治二十二)年から「十五ケ年賦」で上納することとなった(第九条)。払下げ代金は、「四百万円以上ノ評価」とされ、「之ニ及バザルモノハ払下ヲ許サ」れなかった(第五条)(「公文別録　大蔵省」第一巻)。

大蔵省が示した四〇〇万円という評価額は、当時としては大金であった。三井物産としては、もし三池炭礦が「他人ノ手ニ移ルトナレバ、上海《シャンハイ》、香港《ホンコン》、新嘉坡《シンガポール》等ノ支店ハ第一ニ其基礎ヲ破ラレルノデアッテ、海外ノ商売ハ大ニ蹉跌《さてつ》ヲ来ス」ため、なんとしても三池炭礦を落札しなければならなかった。落札した場合、証拠金二〇万円と四カ月後の十二月十五日までに第一回年賦金八〇万円を納入しなければならず、この一〇〇万円を「如何ニシテ之ヲ手ニ入レルカ」が問題となった。益田は、三井銀行副長で実質的な経営責任者であった西《にし》邑乕四郎《むらとらしろう》▲に相談し、さらに三井銀行をつかさどっていた三井家同苗《どうみょう》の三井三郎《さぶろう》助《すけ》(高喜《たかよし》)に事情を説明し、援助を求めた。「容易ナ事デハナカツタ」が幸い、申出は了解された。益田によれば、「実ヲ云フト三井家ノ中心事業トシテ最モ重要視サレルノハ銀行デアルカラ、其銀行ガ危険ヲ冒シテ迄モ之《これ》ヲ承諾スルコトガ困難ナノデアル」。「中上川彦次郎《なかみがわひこじろう》▲氏ノ如ク」、「深ク考慮スル人」ならば承諾しないであろうし、益田自身も「銀行ノ其時ノ状態ヲ考ヘタナラバ」承諾しなかったであろう、といい、この「融通」は「全ク西邑氏ノ胆力《たんりょく》」によるものだという。ただしその条件として西邑は、万一の場合「自分ノ資産ガアレハ、最後ノ一身迄」だすか、「共同物」としようといい、益田は「自分ノ資産ハ万一ノトキハ全部

▼**中上川彦次郎**　一八五四〜一九〇一年。明治期の三井の経営者。中津《なかつ》藩士の長男。叔父福沢諭吉《ふくざわゆきち》の慶応義塾に学ぶ。イギリス滞在中に井上馨の知遇をえる。時事新報社社長、山陽《さんよう》鉄道会社社長をへて、井上馨の要請により、三井銀行理事に就任し、実質的な権限を握った。

中上川彦次郎

打捨テ、モ差支ナイ」と答えた(「益田男爵談話速記録　三」)。

全払下げへの参加と、一〇〇万円融通の了解をえた益田は、入札について「全部自分ニ一任」し、「入札ノ価格等ニ付テハ、一切喙《くちばし》ヲ容《い》レナイ」ことを承諾させた。当時益田が心配したのは、東京炭《トンキン》だったという。「当時ノ評判ハ非常ナモノデ如何ニモ安値ニ良炭ヲ得ラル、」ようにいわれていたため、三池炭礦を入手しても、東京炭に「圧倒セラレルヤウナコトガアツテハ、何トモ申訳ガ無イ」と考え、賀田技師と松尾《まつお》長太郎と益田英作《えいさく》を東京《トンキン》へ実地調査に出張させ、報告を電信で入手し、さらにこの東京炭を焚いてみたところ、「恐ル、所ハ無イ」、「普通ノ焚料《ふんりょう》トシテ之ヲ用ユルコトハ六ケ敷《むずかし》イト云フコトヲ確カメ」、安心したという(「益田男爵談話速記録　三」)。

開札の結果は次のとおりであった。一番、四五五万五〇〇〇円、佐々木八郎。二番、四五五万二七〇〇円、島田善右衛門《しまだぜんえもん》総代理川崎儀三郎《かわさきぎさぶろう》。三番、四二七万五〇〇〇円、加藤総右衛門《かとうそうえもん》。四番、四一〇万円、三井武之助《たけのすけ》・三井養之助《ようのすけ》。一番札と二番札の差は二三〇〇円であった。一番札の佐々木八郎(もと長崎通詞《つうじ》、手形ブローカー)と三番札の加藤総右衛門(千葉県の豪農《ごうのう》)は、益田が名前を借り

▼**渡辺昇**　一八三八～一九一三年。幕末の志士、明治期の政治家。肥前《ひぜん》藩士の次男。桂小五郎《かつらこごろう》(木戸《きど》孝允《たかよし》)の知遇をえて、勤王《きんのう》派となる。一八七七(明治十)年、大阪府知事に就任。会計検査院長をつとめ、欧米を視察し、会計検査制度の整備を進めた。子爵。

松方正義(キヨッソーネ筆)

た札であり、二番札の川崎儀三郎以外は三井の札であった。益田は価格を変えて三つの札をいれ、競争者がいなければ高額の札から辞退し、より低い価格で落札しようとしていた。二番札の川崎儀三郎は、島田組にいた人であった。そこで益田は、渡辺《わたなべ》昇《のぼる》▲子爵《ししゃく》に依頼し、一〇万、二〇万円を川崎に払うかわりに「此《この》入札ヲ捨テ、呉レナイカ」と相談した。しかし「中々承知シサウモナイ」。益田は京都に出張していた大蔵大臣松方正義《まつかたまさよし》に面会にでかけ「川崎ト云《い》フ者ハドウ云フ者カ分カラナイ人物デアルガ、如何《いか》ナルノデアラウ」といってみたところ、「秘密ノ事」ゆえ口にだしてはいわないが「益田、佐々木八郎ガ一番高直《(値)》デアルカラ、幸ヒノ事ダカラ取ツテ置ケヨ」と一言、いわれた。益田は「有難ウゴザイマス、能《よ》ク分リマシタ」と答え、松方の一言には「必ズ深イ意味ガアル」と、さっそく戻り、佐々木八郎の名前で落札した。のちに明らかになったことは、川崎儀三郎は「三菱《みつびし》ヲ代表シテ入札」していた。「金ヲ取ツテ引込マナカツタノハ当然デアツタ」。益田にとって、三池炭礦払下げは「三井ニ勤務中、此位頭ヲ悩マシタ事ハ無イ」というものであり、「事業上ノ競争ハ実ニ恐ロシイモノ」であり、「三菱トノ争ニ於テ最モ著シイモノデアツタト思ハレマス」とのちに述べ

團琢磨

▼團琢磨　一八五八〜一九三二年。明治から昭和初期の三井の経営者。福岡藩士の四男。一八七一（明治四）年に黒田長知・金子堅太郎とともにアメリカに留学。マサチューセッツ工科大学鉱山学科卒業。帰国後、三池炭礦社に入社。デーヴィー・ポンプを導入し、勝立坑復興に成功する。一九一〇（明治四十三）年に三井八郎右衛門（高棟）とともに欧州へ視察。シーメンス事件により益田孝が辞任すると三井合名会社理事長に就任。ドル買いの風評による財閥《ざいばつ》批判から、血盟団《けつめいだん》員に暗殺される。男爵。團伊玖磨《いくま》は孫。

ている（「益田男爵談話速記録　三」）。

大蔵省は八月十八日、払下げ命令書を佐々木八郎へ交付し、佐々木は三井組総代三井高喜（三郎助）を保証人にして請書《うけしょ》を提出し、佐々木は八月二十一日付で三池礦山にかかわる全権を三井組総代西邑乕四郎に委任し、三井組が事実上の払受人となった。一八八九年一月三日、三池礦山の引渡しが完了し、四日から三池炭礦社として営業が開始された。

團琢磨と三池炭礦

三池炭礦の払下げ代金には團琢磨《だんたくま》▲も含まれている、といわれている。難航する勝立坑《かったちこう》開鑿事業をともなう三池炭礦の経営には技術者が必要であった。益田は「何処迄《どこまで》モ技術者ヲ頭ニ置」く方針で（「益田男爵談話速記録　四」）、「度々三池へ自分ガ行ツタニ付テ、其人トナリモ承知シテ居ツタ」（「益田男爵談話速記録　三」）團琢磨を事務長とした。

團琢磨は、一八五八（安政《あんせい》五）年八月一日、筑前国《ちくぜんのくに》福岡城下荒戸《あらと》四番町（現、福岡市）に福岡藩士馬廻《うままわ》り役《やく》二〇〇石《こく》取りの神屋宅之丞《かみやたくのじょう》の四男として生まれた。

幼名は駒吉《こまきち》といい、一八六八(明治元)年、琢磨と改名し、七〇(同三)年、福岡藩権大参事《ごんのだいさんじ》團尚静の養嗣子となった。一八七一(明治四)年、旧藩主黒田長知《くろだながとも》▲のアメリカ留学にあたって金子堅太郎《かねこけんたろう》▲とともに黒田家給費生として同行者に選ばれた。一八七五(明治八)年、マサチューセッツ工科大学鉱山学科に入学し、一八七八(同十一)年、学士号をえて卒業し、帰国した。

帰国後、團は一八七九(明治十二)年、大阪専門学校助教として数学や化学を教え、八一(同十四)年、東京大学理学部助教授となり、天文《てんもん》学のイギリス人教師の助手をつとめていた。一八八四(明治十七)年二月、工部省に入省し三池礦山局に勤務し、八五(同十八)年、三池礦山局開坑長となった。

このころの三池炭礦は、老朽化が進み、出炭量を増加させるには新坑の開鑿が必要であった。そのため勝立坑の開鑿が始まり、團は、一八八六(明治十九)年、工業課長兼勝立坑長となった。勝立坑は坑内の出水量が多く、開鑿は困難であった。三池炭の海外輸出に期待していた松方正義は、湧水処理調査のため、團に欧米視察を命じた。一八八七(明治二十)年十月、團は出発し、アメリカで鉱山を視察中、多くの技師から大量の排水用ポンプとしてデーヴィー・ポンプ

▼**黒田長知**　一八三八〜一九〇二年。福岡藩主黒田家十二代(在位一八六九〜七一年)。一八七一年、福岡藩貨幣贋造《がんぞう》事件によって知藩事を罷免《ひめん》され、同年、金子堅太郎・團琢磨とともにアメリカに留学する。

▼**金子堅太郎**　一八五三〜一九四二年。明治から昭和前期の官僚・政治家。福岡藩士の長男。黒田長知とともにアメリカに留学。ハーバード大学で法律学をおさめる。貴族院令《きぞくいんれい》・衆議院議員選挙法の立案を担当した。第三次伊藤内閣の農商務《のうしょうむ》大臣、第四次伊藤内閣の司法大臣をつとめる。伯爵。

三池炭礦勝立坑のデーヴィー・ポンプ

を勧められた。この視察中に三池炭礦は払い下げられた。益田は強引に月給二〇〇円で團を三井に迎えたという。帰国した團は、一八八八(明治二十一)年十二月の三池鉱山局の廃止とともに、三池炭礦社事務長に就いた。

三池炭礦社営業開始七カ月後の一八八九(明治二十二)年七月二十八日夜、九州地方をマグニチュード六・三の地震が襲った。地震による被害は甚大で、勝立坑は喞筒《そくとう》(ポンプ)が水没して水坑となった。三井は、勝立坑の代金を一五〇万円と見込み、払下げ代金から一五〇万円を差し引くことを大蔵省に嘆願し、勝立坑のかわりに新坑を開鑿し下付してもらいたいと主張した。だが大蔵省はとりあわず、結局、三井は一九〇二(明治三十五)年十二月十五日、三池礦山払下げ代金四五五万五〇〇〇円を完納した。

払下げ直後の三池炭礦の経営は、厳しいものとなった。一八八九年七月の大地震によって「潰《つぶ》レタ機械ハ皆下ニ入ツテ居ル、機械モ何モ水ノ中ニ沈没シタ」(「團理事長談話速記原稿　其六」)。一八九〇(明治二十三)年は恐慌の年であった。團は「純益は殆んど無い。……それが二年続いて、苦しかったなその時は」と述べている(「稿本三井鉱山株式会社五十年史稿　巻一」)。

一八九一（明治二十四）年下期から、景気は回復に向かった。團は、デーヴィー・ポンプの導入を決意し、勝立坑復旧のための起業費五〇万円を申請するため上京した。團は、益田たちを説得し、勝立坑復旧の支出が認可された。一八九二（明治二十五）年七月にはデーヴィー・ポンプ二基が大牟田《おおむた》に到着し、九三年四月に試運転を開始し、十月には坑内の水をすべて排出し、「機械ノ沈没シタヤツガ皆出テ来タ、ソレハ七浦《ななうら》ニ送ツテシマツタ」（「團理事長談話速記原稿其六」）。一八九四（明治二十七）年三月、坑口から一一八メートルの深さで着炭し、勝立坑は再興した。三池炭礦社は、一八九三（明治二十六）年十月一日、三井三池炭礦事務所と改称した。

官営時代の三池炭礦では、一八七三（明治六）年七月から三池集治監《しゅうじかん》の囚人を石炭運搬に使用し、やがて坑内の採炭で使用するようになった。一八八四年には良民採炭労働者一一一〇人、囚人労働者一二三〇人であった。囚人労働は採炭の原価をさげ、三池炭礦の経営を支えていた。三池集治監の囚人を使用できるかどうかは、三井にとって重大な問題であった。

三井は一八八八（明治二十一）年九月十二日、内務大臣山県有朋《やまがたありとも》▲へ宛て囚人使

▼**山県有朋**　一八三八〜一九二二年。明治から大正期の軍人・政治家。萩藩士の子。松下村塾《しょうかそんじゅく》に学ぶ。一八六八（明治元）年ヨーロッパを視察。帰国後、兵部少輔《ひょうぶのしょうゆう》として軍制改革にあたる。徴兵制《ちょうへいせい》を実現し、初代陸軍卿に就任。「軍《ぐん》人勅諭《じんちょくゆ》」を制定した。内務卿に就任し、地方制度制定に尽力。二回組閣し、元老として発言した。公爵。

役の継続を出願し、許可ののち、福岡県・熊本県知事から、三池鉱山局と結んでいた囚人労働に関する「規約書」の継続の許可をえた。一八八九年における三池炭礦での囚人労働は坑夫の一三・三%を占めていた。囚人労働者は、一八九九(明治三十二)年の囚人の北海道移送を契機に減少した。

囚人労働以外の坑夫《こうふ》募集のため、納屋《なや》制度が設けられた。納屋制度とは、坑夫募集請負人が会社と契約して坑夫の募集を請け負い、坑夫の身元引受人となり、坑夫を「納屋」に収容し、生活も管理するものである。明治三十年代になると、鉱夫の採用はしだいに納屋制度から会社の直轄制へ移行し、一九〇八(明治四十一)年に完全に会社の直轄制となった。

勝立坑再興ののち、三池炭礦は宮原《みやはら》坑が開鑿され、一八九八(明治三十一)年には宮原第二坑、万田《まんだ》第一坑・第二坑も開鑿された。開鑿が進むにつれて三池炭礦の出炭量も増加し、一九〇三(明治三十六)年には一〇〇万トンを超え、明治四十年代には一五〇万トンに達した。

三池炭礦払下げ告示後の一八八八年七月五日、大蔵大臣松方正義は、従来、三池炭の輸出に対して許可していた「傭外国船」に対する「不開港場肥前口ノ津《ひぜんくちのつ》

三池炭礦勝立坑の捲揚機械

三池炭礦万田坑　1903(明治36)年。

三池炭礦勝立坑の撰炭風景

港ヨリ直輸出」を、民間へ払下げ後も「貸下中」の一五カ年間は特別に許可することを、閣議に提出した。これに対して七月十日、外務大臣大隈重信は特別の取扱いをすべきではないとの回答をした。七月十三日、民間で雇った外国船を「不開港場へ回航」することを許可すると、外国人が間接的に不開港場から直輸出をする「弊害ヲ生スルノ掛念」があるとし、七月二十三日、払下げ後の口ノ津からの直輸出は認可されず、「熟考ヲ要ス」とされた(「公文類聚　第十二編」第四十九巻)。その後、一八八九年七月三十日、「特別輸出港規則」(法律第二十号)が制定され、米・麦・麦粉・石炭・硫黄《いおう》の五品に限り、海外へ輸出するため、肥前国口ノ津を含む九港が特別輸出港として認められた。

三池炭を搬出する大牟田《おおむ た》田川《がわ》河口の有明《ありあけ》湾は遠浅で、満潮でなければ船舶の出入りは不可能であった。三井は一八九一年専用の船渠《せんきょ》(ドック)として大牟田港を築いた。しかし、三池炭の出炭量の増加により、潮の干満に関係なく、大型汽船に直接積込みが可能な港湾が必要となった。

一九〇二年、三井において三池築港が決定した。同年四月の三井物産会社支店長会議において益田は、「大ニ競争ヲ試ミントスルニハ経費ヲ省キ炭ノ原価

三池港石炭積込機

ヲ安クスルノ外ナシ……三池ハ多ク掘レハ掘ル程安ク付ク、今日迄ハ艀《はしけ》ニ依リタル故、運賃割高ニ当リタルモ、築港完成シ運賃安クナル以上ハ、大ニ炭ノ直段ヲ引下ケ得ヘシ」と、三池築港の意義を述べた。

一九〇二年十一月三日、鍬入《くわいれ》式が挙行され、〇八年三月に工事は完成した。三月十四日からドック内へ入水が始まり、四月に三池港と命名された。一九〇九(明治四十二)年四月二十五日、総工費三七五万円余りの三池港の開港祝賀式が挙行された。

三池港築港によって、二台の船積機、内港とドックを分ける水路入口の閘門《こうもん》設備などが備えられ、三池炭の船積みは機械化され、一万トン級の外航船への直積みが可能となり、時間と経費の削減が可能となった。

三井物産会社の拡大

三井物産の主要な取扱商品は時期によって変動はあるが、棉花《めんか》・綿糸・綿布・石炭・生糸《きいと》・米穀・機械などであった。日本において機械制大工場を発展させた紡績業の原料となる棉花の輸入、紡績機械の輸入、日本最大の輸出品である生糸の直輸出において、三井物産の占める割合は非常に大きかった。

幕末の開港によって、安価な綿糸が輸入されると、日本の棉作は打撃を受けた。しかしそのことはかえって、新技術を取り入れることを促進し、政府は、紡績業の育成のため、二〇〇〇錘《すい》規模の紡績会社を設立した。一八八二(明治十五)年に、渋沢栄一《しぶさわえいいち》の提唱で一万五〇〇錘規模の大阪紡績会社が設立されると、八七(同二十)年以降、一万錘以上の大規模な紡績会社が開業していった。大規模な機械制紡績会社の設立によって、国産棉花だけでは原料の需要を満たすことができず、国産棉花よりも安価な中国棉の使用が増加した。その後、日本で細い紡績糸が生産されるようになると、中国産棉花よりもさらに安価で、細い糸を紡出できるインド棉が、新しい原料として一八八六(明治十九)年から輸入されはじめた。三井物産では、買付けのための出張員として、のちに三井物産の取締役・三井合名会社理事などを歴任する安川雄之助《やすかわゆうのすけ》▲をボンベイに派遣した。一八九四(明治二十七)年四月にはボンベイ出張員を出張店に昇格し、九七(同三十)年七月には支店とした。

一八九七年から一九〇三(明治三十六)年までの、日本の棉花輸入額の二四〜

▼**安川雄之助**　一八七〇〜一九四四年。明治から昭和前期の三井物産の幹部。大阪商業学校を卒業後、三井物産大阪支店へ入社。日清《にっしん》戦争後、総合商社として海外へ拡大する三井物産で辣腕をふるい、「カミソリ安」と呼ばれた。三井物産常務取締役となり、團琢磨の暗殺後、三井合名の理事に就任。

アメリカ・テネシー州の棉花の看貫《かんかん》(明治末年)

三九%を三井物産が扱っていた。一九一〇(明治四十三)年上期において三井物産が輸入した棉花は、鐘淵《かねがふち》紡績の原棉消費量の七六%、大阪紡績の五三%、三重紡績の二八%、倉敷紡績の六九%を占めていた。

棉花は、投機性・思惑性の強い商品であったため、取扱いのむずかしい商売であった。三井物産の創業当時、益田は「手数料ヲ取ル商売ノ外、自カラ思惑売買ヲスルコトハ堅ク禁シテ」いた。しかし、時勢の趨勢にともない「売リト買ヒノ見合ヒヲ付ケル商売」も行われるようになっていった。益田いわく、棉花には収穫期があり、「産地デ棉ヲ売ル時期」は決まっていた。しかしその「棉ヲズン〳〵売出ス時」に日本の紡績会社が「買ツテ呉レナイ」ならば、「棉ヲ取扱フ商人トシテハ生産者ノ売出ス時期ニ相当ニ買入レテ置カナケレバナラナイ」。そして紡績会社が「仕入レヲスル時期ニ前ニ買ツテ置イタ棉ヲ売ル」ことになる。「産地デ買ハナケレバナラナイ時期ニ買入レタ場合ニハ一時之《これ》ヲ紐育《ニユーヨーク》ナリ其他ノ棉ノ先物売買ノアル所へ売ツテ見合ヒヲ付ケテ置キ」、そして「紡績会社ガ買入レヲスル時ニ見合ヒヲ外シテ、現物ヲ紡績会社ニ持テ来テ渡ス方法」もあるが、この方法は「口デ言フコトハ容易デアルケレドモ」実際には「紐育デ見合ヒヲ付ケル」ことは難しく、アメリカ南部で「小口ニ買ツタモノヲ毎日紐育デ売ることはできず、「売過キ若クハ買過キト云フヤウニ差ガ起ツテ来ルノデ……余程《よほど》六ケ敷イコトデアア」った（「益田男爵談話速記録　四」）。

棉花取扱いの急増によって、一八九二（明治二十五）年八月、大阪支店に棉花方が設けられ、九四年には、大阪支店に本部をおく棉花部が設置された。棉花部は三井物産の特徴の一つである「部」制度の始まりであった。三井物産では早くから支店の独立採算性がとられていた。支店の自立は、支店間の競争によって売上げを向上させたが、三井物産全体の統一的な活動には支障をきたした。「部」とは、特定の商品ごとに、その商品にかかわる営業を統轄する権限をあたえ、各支店がたがいに連絡を取りあうもので、棉花部・石炭部・機械部・船舶部・造船部・為替《かわせ》部・本店営業部などが設置された。

三井物産は、機械類の輸入も取り扱っていたが、一八八二（明治十五）年の大阪紡績会社の設立にともない、紡績機械の注文を受けて以来、紡績機械を取り扱うようになった。大阪紡績の技師の山辺丈夫《やまのべたけお》▲がプラット・ブラザーズ社製のリング紡績機を選定すると、三井物産はロンドン支店を通じて一万五〇〇錘の

▼**山辺丈夫**　一八五一〜一九二〇年。明治期の実業家・紡績技術者。津和野《つわの》藩士の次男。ロンドン大学で経済学を学ぶ。渋沢栄一の依頼で、キングス・カレッジで機械工学を学び、紡績工場で実地体験をする。帰国後、大阪紡績会社の立地選定や機械据付けに従事する。昼夜二交替制を実施し、電灯を導入し、機械制紡績業を推進した。大阪紡績社長、東洋紡績初代社長。

大阪紡績会社

紡績機を輸入した。これを契機に、一八八六年にプラット社と代理店契約を結び、明治二十年代には、鐘淵紡績・東京紡績・天満《てんま》紡績・平野《ひらの》紡績など多くの紡績会社にプラット社製の紡績機械を輸入した。

日本の生糸は、幕末の開港以来、多くは原《はら》商店・茂木《もぎ》商店などの生糸売込問屋が集荷し、外国人商人によって輸出されていた。

益田は一八八七年に三井高保《たかやす》とともに欧米視察にでかけた際、「外国デハ婦人ガ事務員トシテ」働いており、「婦人達ノ第一ノ目的ハ絹物ヲ着タイト云フコト」に注目したという。「婦人ノ働キガ進ムニ従ツテ絹ノ需要ハ益々増加スベク信ジラレ……恐ルベキ需要ヲ起スデアラウト云フコトヲ断言シタ」という(「益田男爵談話速記録　三」)。

三井では一八九三(明治二十六)年に官営富岡製糸場の払下げを受け、同年、抵当流れとして大嶋《おおしま》製糸場を入手した。一八九四年に三井工業部が設置されると、これらの製糸場は工業部の配下にはいり、さらに三重製糸場、名古屋《なごや》製糸場を新設し、製糸業を始めた。一八九六(明治二十九)年、三井物産はニューヨーク支店を再開し、三井工業部の四製糸場でつくられた生糸のアメリカ向け直輸出を計画した。

しかし、三井物産の計画は成功せず、一八九七年一月には日本の製糸家の委託荷を引き受け輸出の取扱いをすることに方針を変更した。日露《にちろ》戦争後、三井物産は日本の生糸売込問屋からの委託・買取生糸を中心に、生糸の直輸出を行い、ニューヨーク支店を販売店としてアメリカ向け輸出を拡大した。一九一一(明治四十四)年の三井物産の生糸輸出先は、九〇％以上がアメリカ向けであった。

こうして三井物産は、石炭・生糸・綿糸・綿布など日本の輸出品を取り扱い、原料となる棉花や機械を輸入することによって、三井物産を総合商社へと発展させるだけでなく、日本の紡績業・製糸業の発展にも貢献していった。

三井合名会社の設立

一八九〇(明治二十三)年、民法・商法が公布され、民法は九三(同二十六)年から、商法は九〇年から施行することが定められた。その後、商法も一八九三年施行に延期されたが、三井では、民法・商法の施行を前に、三井組・三井銀

▼**「三井家憲」**　「宗竺《そうちく》遺書」にかわるあらたな家則として、井上馨の指導のもとに作成され、一九〇〇(明治三十三)年施行。三井家同族の範囲と席次《せきじ》、同族の義務、三井家共有財産などを規定した。

▼**朝吹英二**　一八四九～一九一八年。明治期の実業家。豊前《ぶぜん》国の大庄屋《おおじょうや》の次男。慶応義塾で学ぶ。のち、郵便汽船三菱会社に入社。中上川彦次郎に招かれ、鐘淵紡績会社に入社し、専務取締役に就任。三井工業部専務理事。三井の事業を監督し、益田孝を補佐した。

▼**池田成彬**　一八六七～一九五〇年。明治から昭和前期の銀行家・政治家。米沢《よねざわ》藩士の長男。慶応義塾卒業。三井合名常務理事として財閥転向を主導。第一次近衛《このえ》内閣の大蔵大臣兼商工《しょうこう》大臣。

▼**波多野承五郎**　一八五八～一九二九年。明治から昭和初期の実業家。掛川《かけがわ》藩士の長男。慶応義塾

行・三井物産の組織変更と、三井家の共有財産の管理方法について検討を始めた。三井では、「三井家憲《かけん》▲」の制定、三井組を合名会社に、三井銀行と三井物産を合資会社に組織変更することを決定し、井上馨のもと、渋沢栄一・益田孝・三野村利助を相談役として改革を進めることとした。

　この過程で、三井銀行の改革を実行するため中上川彦次郎が呼ばれ、一八九一(明治二十四)年八月十四日、三井銀行理事に就任した。中上川による三井銀行の改革の一つは、慶応義塾《けいおうぎじゅく》出身者を中心に、学校で教育を受けた人材を三井銀行に採用したことである。このとき三井銀行に呼ばれた人びとには、朝吹《あさぶき》英二《えいじ》▲・池田成彬《いけだしげあき》▲・波多野承五郎《はたのしょうごろう》▲・日比翁助《ひびおうすけ》▲・藤山雷太《ふじやまらいた》▲・武藤山治《むとうさんじ》▲たちがいた。

　中上川による三井銀行の改革のもう一つは、不良貸付金の整理であった。三井銀行の一八九一年上半期の「実際報告」では、滞り貸付金が三九七万九二六二円あった。これら滞り貸付金には東本願寺《ひがしほんがんじ》・第三十三国立銀行・田中久重《たなかひさしげ》などに対する多額の不良貸付金が含まれていた。中上川はこれらの貸付金の回収を強硬に行った。この不良貸付金整理の過程で、田中製造所(芝浦《しばうら》製作所)・前橋《まえばし》紡績所・大嶹製糸所などが三井の傘下にはいった。さらに中上川は、政府との

卒業。『朝野《ちょうや》新聞』社長兼主筆をへて、三井銀行本店調査係長となる。

▼**日比翁助**　一八六〇〜一九三一年。三越《みつこし》百貨店創業者。久留米《くるめ》藩士の次男。慶応義塾卒業。三井銀行をへて三井呉服店支配人となり三越を百貨店へ転換し、「今日は三越、明日は帝劇《ていげき》」と宣伝した。

▼**藤山雷太**　一八六三〜一九三八年。明治から昭和初期の実業家。肥前《ひぜん》国の大庄屋の四男。慶応義塾卒業。三井銀行抵当係長として不良貸付金の整理を行う。大日本製糖社長に就任し、再建に成功。レジオンドヌール勲章シュヴァリエ章を受ける。愛一郎《あいいちろう》は長男。

▼**武藤山治**　一八六七〜一九三四年。明治から昭和初期の実業家・政治家。美濃《みの》国の庄屋の長男。慶応義塾卒業。三井銀行をへて鐘淵紡績に入社し、紡績会社を買収・合併し、鐘紡取締役社長に就任。衆議院議員を三期つとめる。

癒着《ゆちゃく》が生じる官金《かんきん》取扱業務への依存を健全ではないとし、官金取扱業務を返上し、官金取扱いを主体とした支店を整理していった。

一八九三年の商法の一部施行を前に、三井銀行の組織改革が進められた。この時点での方針は、三井家同族一一家のみの出資による合資会社の設立であった。しかし急に、合資会社から合名会社へと変更された。旧商法は、合資会社社員は原則として有限責任社員としていたが、もし商号に社員の氏を用いたときは「無限ノ責任ヲ負フ」(「商法」第百三十九条)ことが規定されていた。そこで、一時的な措置として合名会社が採用された。一八九三年七月、三井銀行・三井物産・三井鉱山が合名会社に改組され、同年九月には三越呉服店が合名会社三井呉服店となった。一八九八(明治三十一)年、改めて合名会社か合資会社かについて再検討され、合名会社となった。

三井にとってもう一つの課題は、共有財産を管理する三井組を、どのように法人とするかであった。

一八九三年十月、三井家の同族を正会員として構成し、三井家同族や三井傘下の事業について決議・認可する機関として、三井家同族会の設立が決定した。

朝吹英二

このとき、益田や中上川などは、討議権はもつが、投票権はもたない参列員として同族会に参画した。三井家同族会は一九四六(昭和二十一)年七月十六日まで存続した。三井家同族会の設立にともない、大元方《おおもとかた》は同族会、三井組は三井元方と改称された。三井元方は、同族会に付属し、事務を担当したが、法人ではなかったため共有財産を所有することはできず、しだいに権限は縮小されていった。一八九六(明治二十九)年八月十七日、三井商店理事会が設置され、三井家同族会を補完した。

三井の組織改革なかばの一八九九(明治三十二)年秋から中上川は腎臓をわずらっていたが、一九〇一(同三十四)年十月七日、四八歳で没した。

一九〇二(明治三十五)年四月、三井家同族会事務局に管理部が新設された。管理部は、事業の方針や費用支出について審議し、同族による事業の視察を行う機関で、益田孝が専務理事に、朝吹英二が理事に就任した。一九〇四(明治三十七)年十二月、三井営業店重役会と三井家同族会事務局評議会は管理部に吸収され、管理部は権限をいっそう強化し、一九〇九(明治四十二)年十月の三井合名会社の創設まで続いた。

組織改革のさなか、駿河町《するがちょう》に新しい三井本館が落成した。駿河町三井組ハウスにかわる三井本館の建設の発議は益田といわれる。

三井本館は、設計は横河民輔《よこがわたみすけ》▲、建坪七七〇坪余、日本最初の鉄骨構造による、地上四階と地下室からなり、オーチス社製エレベーター二基、暖房、電灯、電話などが設置された。一八九六年十月一日起工し、一九〇二年十一月落成、〇三(明治三十六)年十一月から、正面中央に三井銀行、東側に三井物産、西側に三井鉱山合名会社と三井家同族会事務局が移転した。

一九〇七(明治四十)年六月、益田は管理部長三井三郎助(高景《たかかげ》)とともに欧米を視察した。三井家同族の同行は、井上馨の「御同族ノ内デモ誰レカ共ニ行ツテ、能《よ》ク視察シテ来ナケレバ、帰朝ノ後実際之ヲ行フ上ニ障リモアラウカラ、誰レカ重《おも》モナル御同族ガ一緒ニ行ツタ方ガ宜《よ》イ」という忠告によるものであった(「益田男爵談話速記録　二」)。視察の目的は、組織改革のため、欧米の旧家《きゅうか》の「維持ノ基礎、業務ノ組織方法」、銀行業と金融業の組織や業務経営の方法などについて、調査することであった(「復命書」)。一行は、一九〇七年六月十四日新橋《しんばし》を出発し、七月にイギリス、八月にはフランス・ドイツを訪れ、九月にア

▼**横河民輔**　一八六四〜一九四五年。明治から昭和前期の建築家・実業家。播磨《はりま》国の医師の三男。帝国大学工科大学造家学科卒業。三井組にはいり、日本最初の鉄骨構造による三井本店を完成させる。横河工務所・横河橋梁《きょうりょう》製作所・横河電機研究所などを設立した。中国陶磁器《とうじき》の横河コレクションがある。

三井本館　1902(明治35)年11月16日落成。

欧米視察中の益田孝　1907(明治40)年。前列左から３人目三井三郎助(高景)，後列左から４人目益田孝。

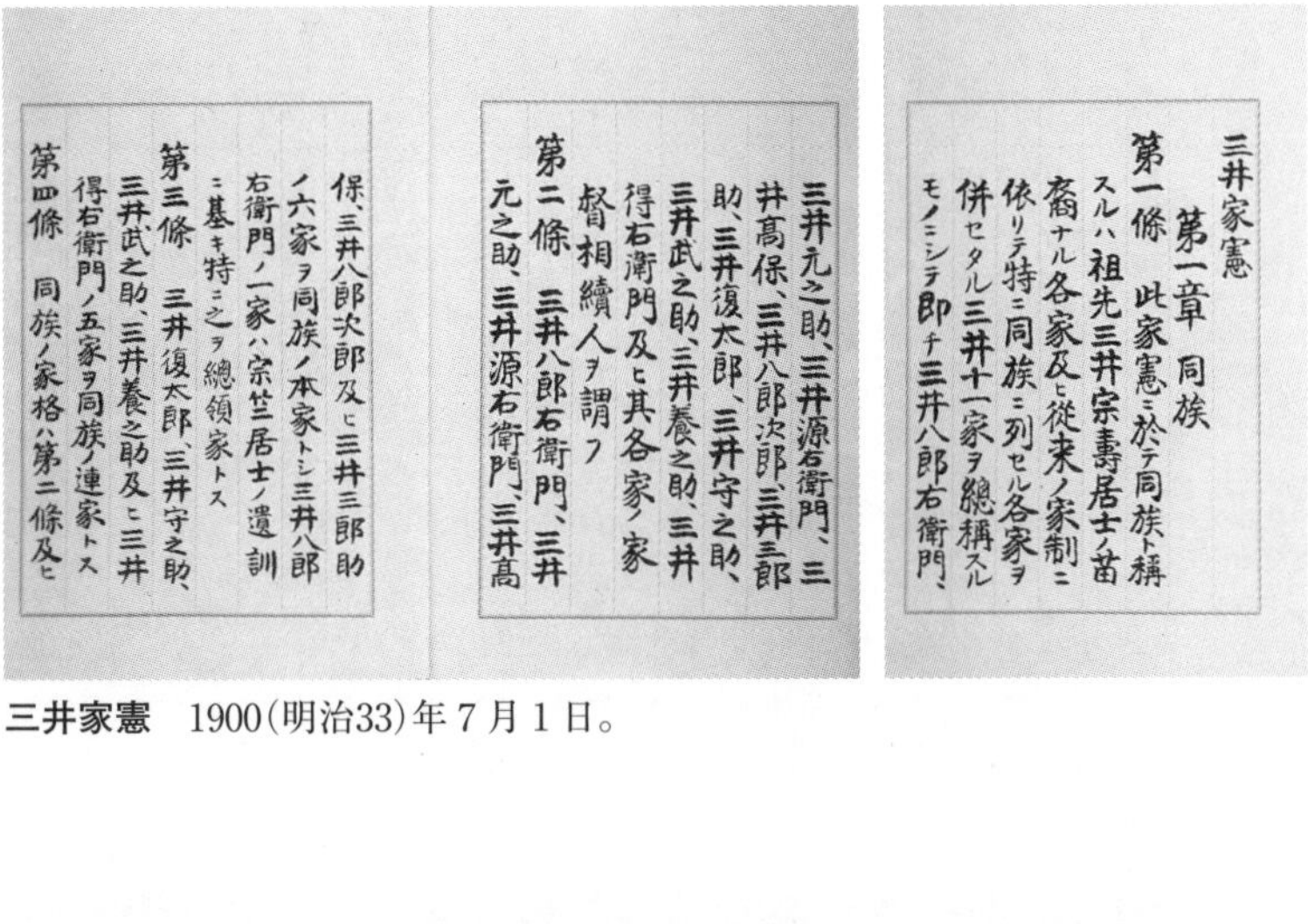

三井家憲
第一章　同族
第一條　此家憲ニ於テ同族ト稱スルハ祖先三井宗壽居士ノ苗裔ナル各家及ヒ従来ノ家制ニ依リテ特ニ同族ニ列セル各家ヲ併セタル三井十一家ヲ總稱スルモノニシテ即チ三井八郎右衛門、三井元之助、三井源右衛門、三井高保、三井八郎次郎、三井三郎助、三井復太郎、三井守之助、三井武之助、三井養之助、三井得右衛門及ヒ其各家ノ家督相續人ヲ謂フ
第二條　三井八郎右衛門、三井元之助、三井源右衛門、三井高保、三井八郎次郎及ヒ三井三郎助ノ六家ヲ同族ノ本家トシ三井八郎右衛門ノ一家ハ宗竺居士ノ遺訓ニ基キ特ニ之ヲ總領家トス
第三條　三井復太郎、三井守之助、三井武之助、三井養之助及ヒ三井得右衛門ノ五家ヲ同族ノ連家トス
第四條　同族ノ家格ハ第二條及ヒ

三井家憲　1900(明治33)年７月１日。

メリカに渡った。十月二十四日、サンフランシスコから帰途に就き、十一月十一日、横浜《よこはま》に帰国した。

益田は「其時ハ私モ一生懸命デ」、各地で旧家富豪の主人・銀行家・財務家・政治家・法律家などの名士と会見し、意見を求めた。三井家営業組織のあり方に関する益田の質問に対して「英国諸名士ノ所説」はほぼ一致しており、名家を長く維持するには、なるべく「危険ノ業」をやめ、「確実ナル事業ヲ求メテ之レニ投資」し、投資した営業については「監督ヲ厳」しくし、業務は「適任者ヲ選び、「托スル」ことがよいとし、「営業ガ繁栄ヲ極メテ株式高価ニ上」ったならば、株式を「他ニ譲リ」、「其利スル所ヲ以テ更ニ他ノ事業ニ投資」するというものであった(「復命書」)。これについて益田は「是レデナケレバ国ハ振ハナイ」と思ったという。ロード＝ロスチャイルド▲は、「常ニ忙ガシク、五分間逢ツテ話ヲスルコトハ中々六ケ敷イト云ハレタ人」であったが、益田があったときは「六十五歳デ、余程愉快ナ人」だと益田は感じた(「益田男爵談話速記録　二」)。ロスチャイルドは、「三井家ハ何ノ必要アリテ無限責任」で、「危険ト目セラル、営業ヲ経営」するのか、とくに「銀行、鉱山ハ最モ危険ト目セラル、モノ」である

▼**ロスチャイルド家**　ユダヤ系の銀行家。一七六〇年代にフランクフルトで両替商を営んでいたマイヤー＝アムシェルが巨富を築き、五人の息子がフランクフルト・ロンドン・パリ・ウィーン・ナポリに商会を開いて事業を拡大した。十九世紀には各国の財政に関与し、政治的にも影響力をもった。

ので、「速ニ之ヲ有限責任組織ニ変更シ、三井家ノ直接経営ヲ止メ独立営業」とすべきだと勧告したという（「復命書」）。

帰国した益田は、「復命書」のなかで「無限責任組織ニ比シテ有限責任組織ノ勝サレル諸点」を列挙した。さらに「欧米視察ニヨリ営業組織ニ関スル卑見《ひけん》」を提出し、欧米視察の結果を「営業ハ総《すべ》テ専門ニ依リ」、「有限責任株式会社組織」として、「定款《ていかん》」を定め、「業務ノ執行ヲ若干ノ重役ニ委任」すること。そうすれば、万一不慮の場合「責任ノ帰スル程度ヲ限定スルコト」ができ、また「専門家」に「其ノ業務ニ当ラ」せ、「功ヲ挙」げることが容易になると概括した。

欧米視察後の意見書に基づき、一九〇九年一月二十三日、同族会相談会が開かれ、益田を中心に、組織改革が進められた。一九〇九年十月十一日、三井家事業の統轄機関として三井合名会社が設立された。三井合名会社は、三井家同族一一人が社員となり、共有財産を所有し、三井傘下の事業を持株会社として統轄した。同時に三井銀行と三井物産は合名会社から株式会社へ改組された。三井銀行と三井物産の資本金は三井家が出資し、株式は「取締役会ノ承諾ナクシテ」、「他人ニ譲渡」することを禁じられた。三井鉱山合名会社は、三井合名会社の鉱山部となり、一九一一(明治四十四)年十二月に株式会社となった。

三井合名会社の業務執行社員には三井八郎《はちろう》右《え》衛門《もん》(高棟《たかみね》)・八郎次《じ》郎《ろう》(高弘《たかひろ》)・三郎助・高保が就任した。だが実際の経営は、顧問や参事《さんじ》などに委ねられていた。三井合名会社設立時に、益田は顧問となり、参事には團琢磨・朝吹英二・波多野承五郎・有賀長文《ながふみ》▲・小室三吉《こむろさんきち》▲が選出された。

三井合名会社の設立によって、三井家の家政《かせい》と事業とは分離され、同時に、三井家同族による資本の所有から法人の三井合名会社による所有に変わり、資本の所有と経営の分離が達成された。

益田孝の相談役就任

一九一四(大正三)年一月二十三日、『時事新報』が「シーメンス会社の贈賄事件」を報道した。事件は、日本帝国海軍がイギリスのヴィッカース社に発注した巡洋艦「金剛《こんごう》」をめぐり、ドイツのシーメンス社、ヴィッカース社、日本海軍、三井物産のあいだに贈賄の疑いがある、という事件であった。

シーメンス事件は、陸軍と海軍の予算をめぐる対立を背景に、政治問題とな

三井八郎右衛門(高棟) 一八五七(安政四)年一月十四日～一九四八(昭和二十三)年二月九日。北《きた》家十代。

▼**有賀長文** 一八六五～一九三八年。明治から昭和前期の実業家。帝国《ていこく》大学卒業。農商務省工務局長をつとめたのち、井上馨の推薦で三井家同族会理事となる。三井合名常務理事や三井系の会社の重役を兼任した。

▼**小室三吉** 一八六三～一九二〇年。明治から大正期の実業家。徳島藩士の次男。明治初年に一二年間渡欧し、三井物産会社にはいり、香港・上海・ロンドン支店長

り、一九一四年三月二十四日、山本権兵衛《やまもとごんべえ》▲内閣は総辞職した。三井物産も非難の対象となり、三井物産では、同年四月二十五日、社長名の訓示を本・支店の全従業員にあたえ、一般にも公表した。七月、三井八郎次郎（高弘）は三井物産代表取締役社長を辞任し、三井源右衛門《げんえもん》（高堅《たかかた》）と交代した。

シーメンス事件をきっかけとする三井物産の改革は、三井合名会社にもおよんだ。一九一四年八月五日、三井合名会社は理事長制を制定し、初代理事長に團琢磨が就任した。このとき、益田孝は顧問から相談役に退いた。ここに、三井八郎右衛門（高棟）三井合名会社社長と團琢磨理事長という三井の次の時代を担う最高責任者が形成された。

三井を退いた益田孝は、小田原《おだわら》の別荘で、茶人・美術品コレクターとして悠々自適の老境を楽しんだ。一九一八（大正七）年その功績により男爵《だんしゃく》を授けられた。一九三六（昭和十一）年十一月十九日には、麻布善福寺《あざぶぜんぷくじ》で行われたハリス記念碑の除幕式に出席した。一九三八（昭和十三）年十二月二十八日、九一歳で没した。

をへて取締役、三井同族会理事となる。のち、東京海上《かいじょう》保険取締役などをつとめる。

▼山本権兵衛　一八五二～一九三三年。明治から昭和前期の海軍軍人・政治家。薩摩《さつま》藩士の三男。戊辰《ぼしん》戦争・台湾出兵に従軍。西郷《さいごう》従道《つぐみち》海軍大臣を補佐し、海軍の軍《ぐん》令《れい》機関を軍令部として独立させた。一九一三（大正二）年組閣するが、シーメンス事件で総辞職。一九二三（大正十二）年再度組閣するが、虎ノ門《とらのもん》事件で総辞職。伯爵《はくしゃく》。

晩年の益田孝

三野村利左衛門と益田孝の業績

三野村利左衛門は、三井の経営方針の中心を官金《かんきん》取扱いと考え、そのためには、三井家と三井の事業の分離が必要であると考えていた。その最大の改革が大元方《おおもとかた》の組織改革であった。益田孝は、創業期の三井物産において、三池炭礦《みいけたんこう》の払下げを受け、三井物産の事業を拡大し、三井合名会社を設立し、三井を財《ざい》閥《ばつ》へと組織した。

三野村利左衛門も益田孝も、三井においては「熱心の余り時々意見が衝突したり利害が背馳《はいち》することもあったが、「期する所は同じ思ひの三井大事」にあり（「三井中興《ちゅうこう》事情《じじょう》」）、この同じ心が三井発展の一つの基盤となっていたといえよう。

写真所蔵・提供者一覧（敬称略・五十音順）

石黒敬章　　p. 44
学習院大学図書館　　p. 48
GAS MUSEUM　がす資料館　　カバー表, p. 16
神奈川県立歴史博物館　　p. 27右, 45
株式会社三越伊勢丹ホールディングス　　p. 3, 5上左
サッポロビール株式会社　　p. 49
渋沢史料館　　p. 27左
東京大学史料編纂所　　p. 47左上・左中
東京大学法学部附属明治新聞雑誌文庫　　p. 2
東京都公文書館・税務大学校税務情報センター　　p. 29
東洋紡　　p. 77
日本銀行金融研究所貨幣博物館　　p. 22, 23中右
日本近代文学館　　p. 65
三井記念美術館　　p. 5下
三井文庫　　扉, p. 1, 5上右, 6, 8, 9上右, 15, 19, 20, 23中左・下, 28, 30, 32, 33上・下, 35, 42, 51右・左, 55上・中・下, 56, 59, 60, 62, 63, 66, 68, 71上・中・下, 75
三井文庫保管　　p. 9上左, 83下
三野村株式会社・『三野村利左衛門伝』　　p. 37
三宅立雄・流通経済大学三宅雪嶺記念資料館　　p. 46
横浜開港資料館　　p. 12
早稲田大学演劇博物館　　p. 13
早稲田大学大学史資料センター・『大隈伯昔日譚』　　p. 40
早稲田大学図書館　　カバー裏, p. 10, 23上
『朝吹英二君伝』（朝吹英二氏伝記編纂会）　　p. 81
『華族画報』（華族画報社）　　p. 73, 83上, 86
『自叙益田孝翁伝』（長井実編, 中公文庫）　　p. 47右上・右下・左下, 87
『三井銀行八十年史』（株式会社三井銀行）　　p. 36, 83中

所蔵者不明の写真は，転載書名を掲載しました。記載洩れなどがありましたら，編集部までお申し出下さい。

森田貴子『近代土地制度と不動産経営』塙書房, 2007年
安岡重明『財閥形成史の研究』ミネルヴァ書房, 1970年
安岡重明編『三井財閥』(「日本財閥経営史」)日本経済新聞社, 1982年
安岡重明編『三井財閥の人びと——家族と経営者』同文館出版, 2004年
吉田伸之『近世巨大都市の社会構造』東京大学出版会, 1991年

参考文献

石井寛治『近代日本金融史序説』東京大学出版会, 1999年
石井孝『幕末貿易史の研究』(「日本歴史学大系」第 4 巻) 日本評論社, 1944年
粕谷誠『豪商の明治――三井家の家業再編過程の分析』名古屋大学出版会, 2002年
故團男爵傳記編纂委員会編『男爵團琢磨傳』上巻・下巻, 故團男爵傳記編纂委員会, 1938年
「渋沢子爵三野村利左衛門関係談話筆記」(三井文庫所蔵)
白崎秀雄『鈍翁・益田孝』上巻・下巻 (中公文庫) 中央公論社, 1998年
「地所掛長川口藤吉談話筆記録」1910年 (三井文庫所蔵)
第一物産編『三井物産会社小史』第一物産, 1951年
高橋義雄『箒のあと』上・下 (普及版), 秋豊園出版部, 1936年
高橋義雄「三井中興事情」1925年 (三井文庫所蔵)
高村直助『日本紡績業史序説』上巻・下巻, 塙書房, 1971年
「田中久右衛門翁談話筆記」(『三井文庫論叢』第15号, 1981年)
田中九右衛門編『維新以来三井家奉公履歴』(三井家蔵版), 1896年
「團理事長談話速記原稿　其六」1928年 1 月11日 (三井文庫所蔵)
『調査部第六回報告　横浜開港当時之貿易状態並洋銀相場取引之沿革』東京高等商業学校, 1914年
栂井義雄『三井物産会社の経営史的研究――「元」三井物産会社の定着・発展・解散』東洋経済新報社, 1974年
日本経済新聞社120年史編集委員会編『日本経済新聞社120年史』日本経済新聞社, 1996年
八十年史編纂室編「三井銀行史話」6・7 三野村利左衛門 その 1・その 2 (『三井銀行調査月報』第250・251号, 1956年 5・6 月)
益田孝・長井実編『自叙益田孝翁伝』(中公文庫) 中央公論社, 1989年
益田孝『益田孝雑話』(改訂増補版), 糧友會, 1938年
「益田孝『備忘録』(写本)」(『三井文庫論叢』第30号, 1996年)
「益田孝談話筆記」1913年 5 月31日 (三井文庫所蔵)
「益田男爵懐旧談筆録　一」1925年10月25日 (三井文庫所蔵)
「益田男爵談話速記録　二」1926年 3 月27日 (三井文庫所蔵)
「益田男爵談話速記録　三」1926年 4 月 7 日 (三井文庫所蔵)
「益田男爵談話速記録　四」1926年 6 月 7 日 (三井文庫所蔵)
「松島吉十郎談話筆記」(『三井文庫論叢』第16号, 1982年)
松永秀夫『益田孝天人録――横浜で実学を修め三井物産の誕生へ』新人物往来社, 2005年
松元宏『三井財閥の研究』吉川弘文館, 1979年
三井銀行八十年史編纂委員会編『三井銀行八十年史』三井銀行, 1957年
三井八郎右衛門高棟傳編纂委員会編『三井八郎右衛門高棟傳』三井文庫, 1988年
三井物産株式会社編『回顧録』三井物産株式会社, 1976年
三井文庫編『三井事業史』本篇第 1 巻〜第 3 巻下・資料篇第 1〜第 4 下, 三井文庫, 1971〜2001年
三野村清一郎編『三野村利左衛門伝』三野村合名会社, 1987年
森川英正『財閥の経営史的研究』東洋経済新報社, 1980年

益田孝とその時代

西暦	年号	齢	おもな事項
1848	嘉永元	1	*10-17* 佐渡奉行支配目付役益田孝義の長男として佐渡国雑太郡相川町に生まれる
1853	6	6	*6-3* ペリー来航
1854	安政元	7	*1-16* ペリー再航。*3-3* 日米和親条約調印。この年，父が箱館奉行支配調役下役となる
1855	2	8	この年，箱館に渡る
1856	3	9	*10-21* 初代アメリカ駐日総領事ハリス，下田に来航
1858	5	11	*6-19* 日米修好通商条約調印
1859	6	12	*6-1* 横浜交易開始。この年，江戸に移る
1861	文久元	14	この年，外国方通弁御用として，アメリカ公使館に勤務
1863	3	16	*12-* 幕府遣欧使節に随行(～1864〈元治元〉年7月)
1868	明治元	21	*1-3* 鳥羽・伏見の戦い。*9-8* 明治改元 このころ，横浜で通訳や中屋徳兵衛の名で茶や海産物の売込商をする
1870	3	23	この年，ウォルシュ・ホール商会につとめる
1871	4	24	*11-12* 永井繁子(妹，10歳)，女子留学生として渡米。この年，大阪の古金銀分析所を手伝う
1872	5	25	*3-25* 大蔵省出仕
1873	6	26	*5-* 大蔵省辞任
1874	7	27	*3-* 先収会社設立，東京店頭取となる
1876	9	29	*7-1* 三井物産会社創立，総轄となる。*12-2*『中外物価新報』創刊
1887	20	40	*3-5* 三井高保とともに欧米視察に出発(～*11-*)
1889	22	42	*1-4* 三池炭礦社を設立。*7-28* 三池炭礦勝立坑水没
1890	23	43	*4-26* 商法公布
1892	25	45	*4-26* 三井物産会社取締役となる
1893	26	46	*4-* デーヴィー・ポンプ試運転。*7-1* 三井物産会社・三井鉱山・三井銀行が合名会社となる。*11-1* 三井家同族会発足
1894	27	47	*8-1* 日清戦争(～1895年4月)。*10-9* 三井物産専務理事となる
1902	35	55	*4-10* 三井家同族会事務局管理部専務理事となる。*11-16* 三井本館竣工
1904	37	57	*2-10* 日露戦争(～1905年9月)
1907	40	60	*6-14* 三井三郎助(高景)とともに欧米視察(～*11-11*)
1909	42	62	*4-25* 三池港開港式。*10-11* 三井合名会社設立，顧問となる
1914	大正3	67	*1-23* シーメンス事件。*8-5* 三井合名会社相談役となる。 *7-28* 第一次世界大戦(～1918年11月)
1918	7	71	*11-26* 男爵を授爵
1938	昭和13	91	*12-28* 死去

三野村利左衛門とその時代

西暦	年号	齢	おもな事項
1821	文政 4	1	*11-10* 出羽国庄内藩水野家の家臣木村松三郎の次男として生まれる
1833	天保 4	13	この年，天保の大飢饉
1834	5	14	この年から，諸国を放浪
1839	10	19	深川の干鰯問屋丸屋に住込み奉公 このころ，小栗忠順の雇い仲間となる
1845	弘化 2	25	この年，神田三河町の油・砂糖商紀ノ国屋の婿養子となり，美野川利八を襲名
1853	嘉永 6	33	*6-3* ペリー来航
1854	安政元	34	*1-16* ペリー再航。*3-3* 日米和親条約調印
1856	3	36	このころ，脇両替商を開業
1858	5	38	*6-19* 日米修好通商条約調印
1860	万延元	40	閏*3-19* 五品江戸廻送令。*4-11* 天保小判「値増引替」開始
1866	慶応 2	46	*11-2* 御用所限通勤支配格として三井に雇用され，三野村利左衛門と改名
1867	3	47	*9-23* 後見格となる。*10-14* 大政奉還。*12-9* 王政復古の大号令。*12-23* 維新政府，金穀出納所設置
1868	明治元	48	*1-3* 鳥羽・伏見の戦い。*1-17* 三井家，金穀出納所為替御用達を命じられる。*5-15* 太政官札発行。*7-17* 江戸を東京と改称。*8-13* 三井八郎右衛門・次郎右衛門・三郎助ら，御東幸金穀出納取締を命じられる。*9-8* 明治改元。*9-12* 会計官付属商法司知司事補。*10-* 商法司知事に就任，苗字帯刀を許される
1869	2	49	*8-26* 名代となる
1870	3	50	*6-16* 元方掛名代となる
1871	4	51	*5-10* 新貨条例公布。*6-5* 三井組，新貨幣の御用為替方を命じられる。*6-* 御用所限支配役となる。*7-14* 廃藩置県。*9-* 大元締となる。*10-* 東京大元方設立
1872	5	52	*6-* 海運橋三井組ハウス竣工。*9-21* 海運橋三井組ハウスを第一国立銀行に譲渡。*11-15* 国立銀行条例公布
1873	6	53	*4-6* 辞意表明。*4-23* 三井家家政改革の全権を委任される。*5-* 大元方総轄となる。*6-11* 第一国立銀行創立，支配人となる。*7-28* 地租改正条例公布
1874	7	54	*2-11* 駿河町三井組ハウス竣工。*3-* 先収会社設立。*8-31* 三井組国産方開業。*10-22* 官金抵当増額令。*11-20* 小野組閉店。*12-19* 島田組閉店
1876	9	56	*7-1* 私盟会社三井銀行創立，総長代理副長となる。*7-1* 三井物産会社創立。*11-15* 三井物産会社監督役となる
1877	10	57	*2-21* 死去
1915	大正 4		*11-10* 従五位を贈位される

森田貴子(もりた たかこ)
東京大学大学院人文社会系研究科博士課程修了
専攻，日本近現代史
現在，早稲田大学文学学術院教授
主要著書・論文
『近代土地制度と不動産経営』(塙書房2007)
「三菱の不動産経営と裁判――明治前期の深川における不動産買入をめぐって」
(林屋礼二・石井紫郎・青山善充編『明治前期の法と裁判』信山社出版2003)
「華族資本の形成と家政改革――岡山池田家の場合」
(高村直助編『明治前期の日本経済――資本主義への道』日本経済評論社2004)
「不動産――岡山藩池田家大崎下屋敷の変容」
(伊藤毅・吉田伸之編『伝統都市　第3巻　インフラ』東京大学出版会2010)
「明治期の千葉県嶺岡牧における畜産業と入会慣行」
(『学習院女子大学紀要』第17号2015)

日本史リブレット人 086
三野村《みのむら》利左衛門《りざえもん》と益田《ますだ》孝《たかし》
三井財閥の礎を築いた人びと
2011年11月20日　1版1刷　発行
2021年9月5日　1版2刷　発行
著者：森田《もりた》貴子《たかこ》
発行者：野澤武史
発行所：株式会社 山川出版社
〒101－0047　東京都千代田区内神田1－13－13
電話 03(3293)8131(営業)
03(3293)8135(編集)
https://www.yamakawa.co.jp/
振替 00120-9-43993
印刷所：明和印刷株式会社
製本所：株式会社 手塚製本所
装幀：菊地信義

Printed in Japan ISBN 978-4-634-54886-2

日本史リブレット 人

1 卑弥呼と台与 — 仁藤敦史
2 倭の五王 — 森 公章
3 蘇我大臣家 — 佐藤長門
4 聖徳太子 — 大平 聡
5 天智天皇 — 須原祥二
6 天武天皇と持統天皇 — 義江明子
7 聖武天皇 — 寺崎保広
8 行基 — 鈴木景二
9 藤原不比等 — 坂上康俊
10 大伴家持 — 鐘江宏之
11 桓武天皇 — 西本昌弘
12 空海 — 曾根正人
13 円仁と円珍 — 平野卓治
14 菅原道真 — 大隅清陽
15 藤原良房 — 今 正秀
16 宇多天皇と醍醐天皇 — 川尻秋生
17 平将門と藤原純友 — 下向井龍彦
18 源信と空也 — 新川登亀男
19 藤原道長 — 大津 透
20 清少納言と紫式部 — 丸山裕美子
21 後三条天皇 — 美川 圭
22 源義家 — 野口 実
23 奥州藤原三代 — 斉藤利男
24 後白河上皇 — 遠藤基郎
25 平清盛 — 上杉和彦
26 源頼朝 — 高橋典幸
27 重源と栄西 — 久野修義
28 法然 — 平 雅行
29 北条時政と北条政子 — 関 幸彦
30 藤原定家 — 五味文彦
31 後鳥羽上皇 — 杉橋隆夫
32 北条泰時 — 三田武繁
33 日蓮と一遍 — 佐々木馨
34 北条時宗と安達泰盛 — 福島金治
35 北条高時と金沢貞顕 — 永井 晋
36 足利尊氏と足利直義 — 山家浩樹
37 後醍醐天皇 — 本郷和人
38 北畠親房と今川了俊 — 近藤成一
39 足利義満 — 伊藤喜良
40 足利義政と日野富子 — 田端泰子
41 蓮如 — 神田千里
42 北条早雲 — 池上裕子
43 武田信玄と毛利元就 — 鴨川達夫
44 フランシスコ＝ザビエル — 浅見雅一
45 織田信長 — 藤田達生
46 徳川家康 — 藤井譲治
47 後水尾院と東福門院 — 山口和夫
48 徳川光圀 — 鈴木暎一
49 徳川綱吉 — 福田千鶴
50 渋川春海 — 林 淳
51 徳川吉宗 — 大石 学
52 田沼意次 — 深谷克己
53 遠山景元 — 藤田 覚
54 酒井抱一 — 玉蟲敏子
55 葛飾北斎 — 大久保純一
56 塙保己一 — 高埜利彦
57 伊能忠敬 — 星埜由尚
58 近藤重蔵と近藤富蔵 — 谷本晃久
59 二宮尊徳 — 舟橋明宏
60 平田篤胤と佐藤信淵 — 小野 将
61 大原幽学と飯岡助五郎 — 高橋 敏
62 ケンペルとシーボルト — 松井洋子
63 小林一茶 — 青木美智男
64 鶴屋南北 — 諏訪春雄
65 中山みき — 小澤 浩
66 勝小吉と勝海舟 — 大口勇次郎
67 坂本龍馬 — 井上 勲
68 土方歳三と榎本武揚 — 宮地正人
69 徳川慶喜 — 松尾正人
70 木戸孝允 — 一坂太郎
71 西郷隆盛 — 德永和喜
72 大久保利通 — 佐々木克
73 明治天皇と昭憲皇太后 — 佐々木隆
74 岩倉具視 — 坂本一登
75 後藤象二郎 — 村瀬信一
76 福澤諭吉と大隈重信 — 池田勇太
77 伊藤博文と山県有朋 — 西川 誠
78 井上馨 — 神山恒雄
79 河野広中と田中正造 — 田崎公司
80 尚泰 — 川畑 恵
81 森有礼と内村鑑三 — 狐塚裕子
82 重野安繹と久米邦武 — 松沢裕作
83 徳富蘇峰 — 中野目徹
84 岡倉天心と大川周明 — 塩出浩之
85 渋沢栄一 — 井上 潤
86 三野村利左衛門と益田孝 — 森田貴子
87 ボアソナード — 池田眞朗
88 島地黙雷 — 山口輝臣
89 児玉源太郎 — 大澤博明
90 西園寺公望 — 永井 和
91 桂太郎と森鷗外 — 荒木康彦
92 高峰譲吉と豊田佐吉 — 鈴木 淳
93 平塚らいてう — 差波亜紀子
94 原敬 — 季武嘉也
95 美濃部達吉と吉野作造 — 古川江里子
96 斎藤実 — 小林和幸
97 田中義一 — 加藤陽子
98 松岡洋右 — 田浦雅徳
99 溥儀 — 塚瀬 進
100 東条英機 — 古川隆久

〈白ヌキ数字は既刊〉